JN313584

Renovation Case Index

>> Design01-07

リノベーションで夢を叶えた人たちってどんな暮らしをしてるんだろう、間取りは？価格は？そのあとの暮らしは？

サイズオーダーで造ったステンレス天板とレンジフードのキッチン。デザイン性があって、ローコストなキッチンになりました。

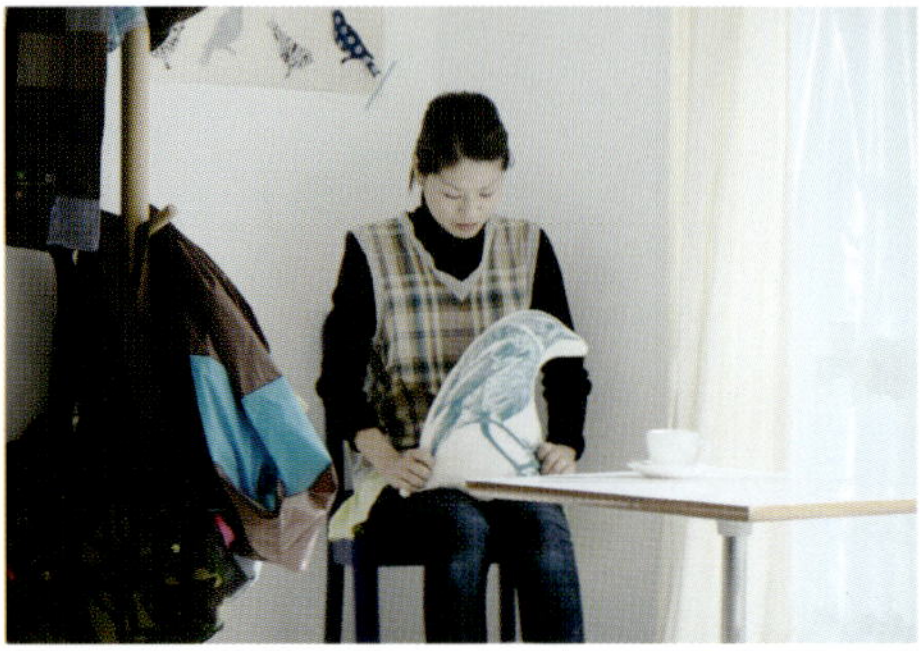

南側の少し出っぱったスペースは、テーブルとイスを置いてカフェコーナーに…。日当たりもよく、いい眺めです。

脱ぎ捨てた服も絵になる自分たちらしい空間

● 大阪府大阪市福島区

Renovation Case 01

当初賃貸物件をお探しだったO様、物件探しをしているうち、毎月の家賃を払うより、中古マンションを購入してリノベーションし、毎月ローン返済をする方が、後々自分のものになり、内装も好みのものにできるのでは…？　と物件探しからご依頼頂きました。選ばれたのは川に面した築33年のマンション。窓から見える風景は川と川沿いの遊歩道の木々…、とてもいい眺めです。南側に20帖のＬＤＫを設け、寝室はベッドのみが置けるカーテンで区切っただけの空間に。

マンションスペック

面積：65㎡
プラン：1LDK+WIC+パントリー
構造：マンションRC造
築年数:33年
マンション購入費用：1450万円
リノベーション費用：718万円

マンション+リノベーション費用
合計2168万円を35年払いだと

毎月のお支払い金額

約8万円（修繕積立金、管理費別途）

店頭金利2.675％で35年返済の場合です。
金利や返済期間はお客様の状況や
物件により異なります。

Renovation Plan

Before

● Pickup

人気エリアなのに、部屋の内装が古くかなり傷んでいたため売れ残っていたこのマンション。もともと全面リノベーション希望だったO様にとって内装の状態は全く問題ではなく、相場より安い価格で購入されました。一般の人が見向きもしない物件が実はリノベーション向きの原石物件という場合もあります。

ベッドスペースは、あえて壁を作らずにカーテンで仕切れるようにしました。普段はカーテンを開けておけば、空間を広く感じることができます。

コンクリート躯体に塗装した壁と、白いワックスを塗りこんだ床の風合いのある空間。お持ちの家具や雑貨がよく似合います。

奥様のお部屋。ご自身でセレクトしたカーテンで収納を目隠ししています。ペンダントライトもこだわりです。

とにかく音楽好きなご主人のお部屋は、レコードとＣＤを整理できる収納をつくりました。お部屋全体がまるでＤＪブースのようです。

将来家族が増えたとき、真ん中で仕切れる LDK

● 大阪府大阪市西区

Renovation Case 02

今まで住んだ街が好きだから･･･と、ずっと住んでいた賃貸マンションのすぐ隣のマンションを購入されたM様。築37年の中古マンションをリノベーションしました。一番こだわったのは、将来家族が増えた時のために広いLDKを引き戸で仕切れるようにしたこと。それに、ご主人と奥さま、それぞれお互いの趣味や時間を大切にできる個室をつくりました。「ずっと仲良く過ごせるように。」そんなお二人の想いをリノベーションでカタチにさせていただきました。

マンションスペック

面積：70㎡
プラン：2LDK
構造：マンションSRC造
築年数：37年
マンション購入費用：1550万円
リノベーション費用：850万円

マンション+リノベーション費用
合計2400万円を35年払いだと

毎月のお支払い金額

約9万円（修繕積立金、管理費別途）

店頭金利2.675％で35年返済の場合です。
金利や返済期間はお客様の状況や
物件により異なります。

Renovation Plan

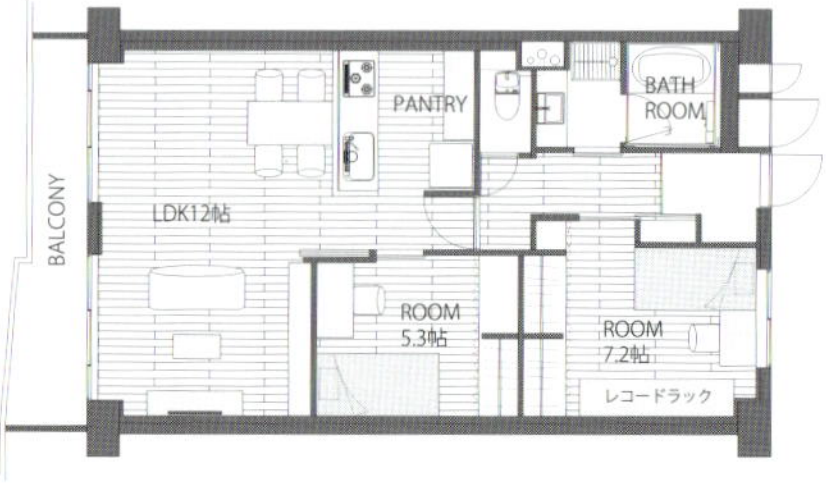

● Pickup

ご主人と奥様それぞれに、エアコン、ガスヒーター用のガスコックのついた個室をつくりました。
お互いの時間や趣味を尊重して、ずっと仲良く過ごすための工夫です。LDK を引き戸で仕切れるようにしたことも、今と将来の両方を大切にするこだわりです。

Before

見せるタイプのキッチン収納で一役買っているのは、「いつの間にか集まった」というかわいらしい食器達です。

ハコ型の洗面器と鏡を使ったシンプルなパウダールーム。所々の目隠しにはアパレル出身の奥様がセレクトしたファブリックを。

ホテルライクなパウダールームは、いつか賃貸に出すことも考えてシンプルなものに。置いてあるもの一つひとつが特別に見えてきます。

ベッドルームにはあえて収納もつくらず、心地よく眠れるすっきりとしたスペースにしました。

大胆な間取り変更で、光が射し込む明るいLDK

●大阪府大阪市西区

Renovation Case 03

南向きのよく日の射し込むマンション。この物件の情報が出たとき、「チャンスだ」と思って即決断されたK様。元々1LDKのリフォーム済みの間取りを1LDK+W.I.Cの間取りにリノベーションしました。晴れた日の広いLDKはナラ材無垢のフローリングが気持ちいい。ホテルライクなバスルームとパウダールーム、それにキッチン後ろのパントリーもK様のお気に入りです。

Renovation Plan

● Pickup

ウォークインクローゼットを一つつくって全てのものをそこに収納していくことで、LDKや寝室は広く使いながら、好きなインテリアを気分や季節に合わせて飾って暮らすことができます。また、扉付きのパントリーには冷蔵庫などのキッチン家電、食器や食材を収納。収納が苦手という方にもおススメです。

マンションスペック

面積：65㎡
プラン：1LDK+WIC+パントリー
構造：マンションRC造
築年数：28年
マンション購入費用：2000万円
リノベーション費用：970万円

マンション+リノベーション費用
合計2970万円を35年払いだと

毎月のお支払い金額

約11万円（修繕積立金、管理費別途）

店頭金利2.675%で35年返済の場合です。
金利や返済期間はお客様の状況や
物件により異なります。

Before

Renovation Case 03

収納が苦手という奥様のため、キッチンの後ろにはパントリーを。見せたくない家電、食器類や調味料もまとめて収納することができます。

バスルームはご主人お気に入りのスペース。この家に暮らし始めて、自然と長風呂になったそうです。

お部屋で本を読んだり仕事をするときにも、気持ちよく過ごすため、窓側の壁を落ち着きのあるやわらかいブルーで塗装しました。

トイレットペーパーや洗剤もスッキリと収納できるように工夫した、清潔感のあるトイレです。

気持ちいい大人ナチュラル

● 大阪府吹田市

Renovation Case 04

緑が多く静かな街並は歩いているだけで気持ちがいい場所。S様はそんなエリアに、ご結婚を機に新居としてこのマンションを購入されました。開放的で明るいリビングは大好きな音楽もリラックスして聞けるくつろぎ空間に。飽きのこないシンプルな素材で仕上げています。また、ご夫婦で話をしながら楽しんでお料理できるようにとキッチンは対面に。各部屋のご要望に合わせて、照明の明るさにも変化をつけています。気持ちよく過ごすために空調や断熱に配慮することで、環境にも優しいエコで大人ナチュラルな住まいになりました。

マンションスペック

面積：90㎡
プラン：3LDK+WIC+書庫
構造：マンション RC造
築年数：26年
リノベーション費用：1340万円

Renovation Plan

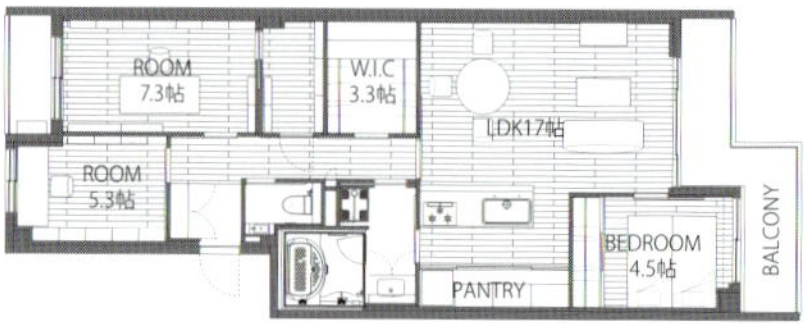

Before

● Pickup

もともとは新築マンションをご希望だったS様。物件を探してはみたものの、住みたいエリアに新築マンションがなく、建設予定もなかったため、中古マンションを購入して自由にリノベーションすることになりました。中古マンションにはエリアや場所を選べるというメリットもあります。

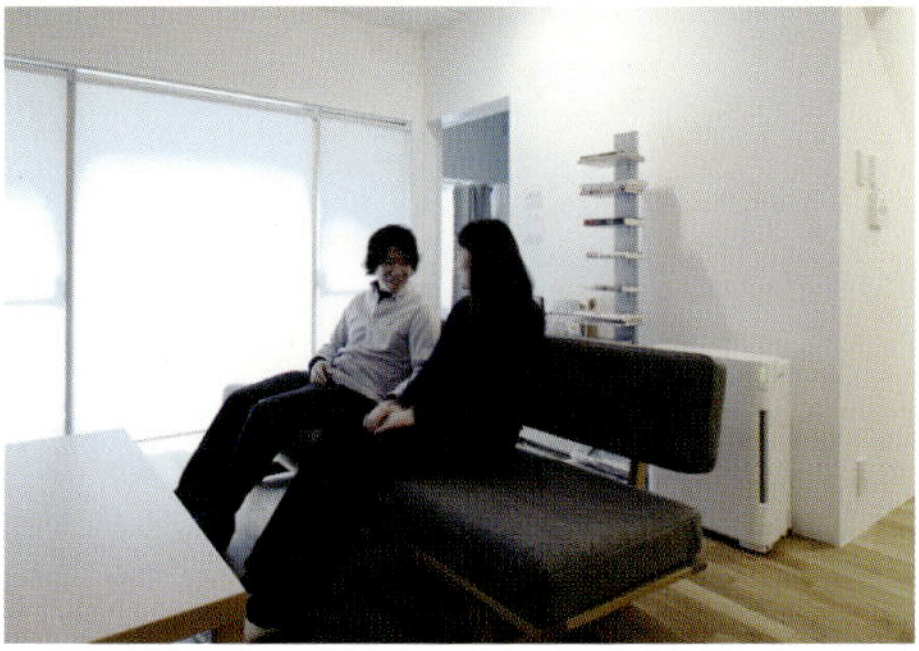

南向きなのに薄暗かったリビングは、趣味の音楽もゆったり聞ける明るいくつろぎ空間に大変身。造り付けの棚を使って素敵にコーディネート。

対面キッチンは空間を広く感じることができます。収納量を確保するために、キッチン後ろには扉付きのパントリーを設けています。

落ち着いた雰囲気のシンプルな寝室。左手の入り口がウォークインクローゼットにつながっているので、物の出し入れにも便利です。

シンプルな子供部屋は、壁の一面だけをお気に入りのやわらかいグリーンで塗装し、アクセントにしました。

リノベーションでハンモックのある生活

● 兵庫県神戸市西区

Renovation Case 05

立地と団地の雰囲気を気に入られてこの物件を購入されたＮ様。構造壁で壊せなかった一部の壁はそのまま間取りに活かしました。また、このお部屋は最上階だったため、天井を解体すると広い空間が現れ、一番高い部分は天井高が約４ｍに。LDKがとても開放的な空間になりました。N様のご希望でハンモックを取りつけて、遊び心のあるお部屋になりました。

Renovation Plan

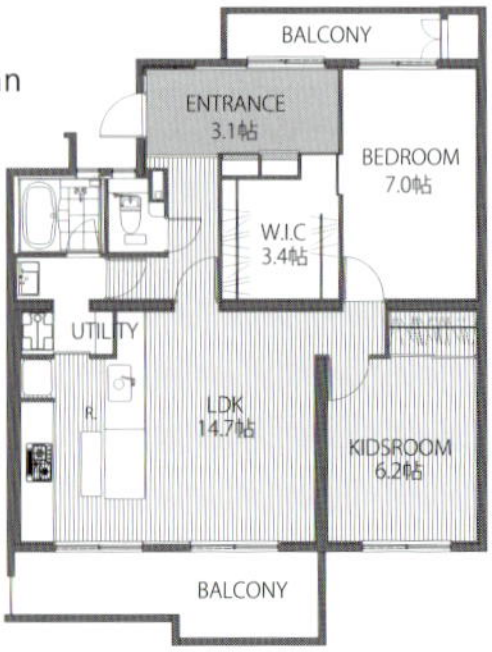

マンションスペック

面積：79㎡
プラン：2LDK+WIC
構造：団地 RC造
築年数：26年
マンション購入費用：1500万円
リノベーション費用：910万円

マンション+リノベーション費用
合計2410万円を35年払いだと

毎月のお支払い金額

約9万円（修繕積立金、管理費別途）

店頭金利2.675％で35年返済の場合です。
金利や返済期間はお客様の状況や
物件により異なります。

● Pickup

ご夫婦の生活の時間帯が違うため、お互いが気をつかわず暮らせるよう、玄関からＬＤＫへ入れる動線とは別に、ウォークインクローゼットを経由してベッドルームに直接出入りできるような動線をとった回遊型のプラン。住む人の暮らしに合わせて間取りをつくれることもリノベーションの魅力のひとつです。

Before

壁付けと対面のセパレートキッチンは、限られたＬＤＫをできる限り広く活用するためのアイデアです。

玄関はモルタルの土間仕様。大切にしている自転車を置けるように広いスペースを確保しました。

タイル貼りの空間に置式洋風のバスタブを設置。洗面室と一体になった広いバスルームで、ゆったりとした時間を過ごすことができます。

改装前は窮屈だったトイレ。本来は壁で隠す配管をあえて見せることで、広くゆったりとしたスペースをつくることができました。

らしさを凝縮した長いキッチン

● 大阪府大阪市西区

Renovation Case 06

川沿いで眺めのよい南堀江の中古マンションを購入されたO様。58㎡の２ＬＤＫを思い切ってリノベーションしました。
床はナラの無垢フローリング、壁・天井は白いペンキで仕上げたとてもシンプルな空間です。天井・壁に塗装されたのはO様ご自身。コストダウンにもなり、ご家族みんなでの塗装作業は良い思い出になりました。シンプルな空間にお気に入りの家具や小物を置いたスタイリッシュなO様らしいお住まいになりました。

Renovation Plan

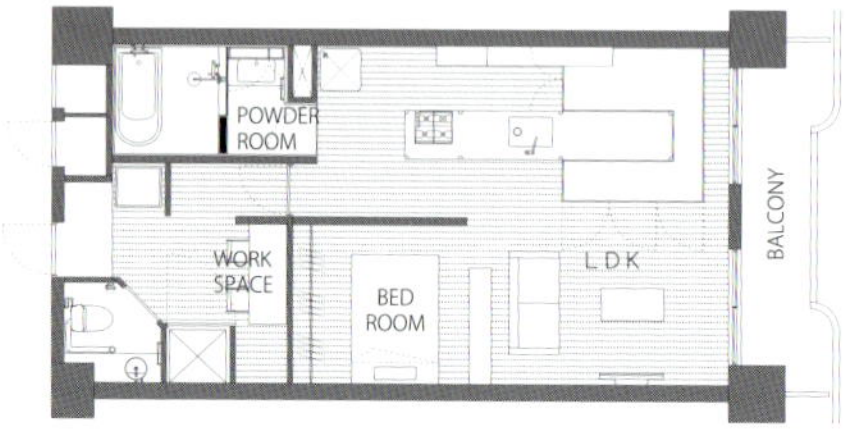

● Pickup

一年の半分は外国で暮らしているO様。ご自身が海外にいる期間はビジネスマンや旅行者のためにウィークリーやマンスリーといった形で短期貸しをして、その収益でこのマンションを運用されています。リノベーションした空間はとても人気が高く、賢い活用の方法といえます。

マンションスペック

面積：60㎡
プラン：1LDK
構造： マンションRC造
築年数：33年
マンション購入費用：1500万円
リノベーション費用：620万円

マンション+リノベーション費用
合計2120万円を35年払いだと

毎月のお支払い金額

約8万円（修繕積立金、管理費別途）

店頭金利2.675％で35年返済の場合です。
金利や返済期間はお客様の状況や
物件により異なります。

Before

キッチンとダイニングテーブルを一体にしました。テーブル下のベンチは収納としても活用できる仕様になっています。

廊下部分も無駄なく活用。シンプルなカウンターテーブルをつくることでちょっとしたワークスペースができました。

仕事でたくさんのお客様が来られた際、靴をきれいに並べられるよう土間を広く取りました。

洗面が一体になったベッドルーム。奥の壁は解体した時に出てきたコンクリート躯体の雰囲気を生かして、そのまま白く塗装しました。

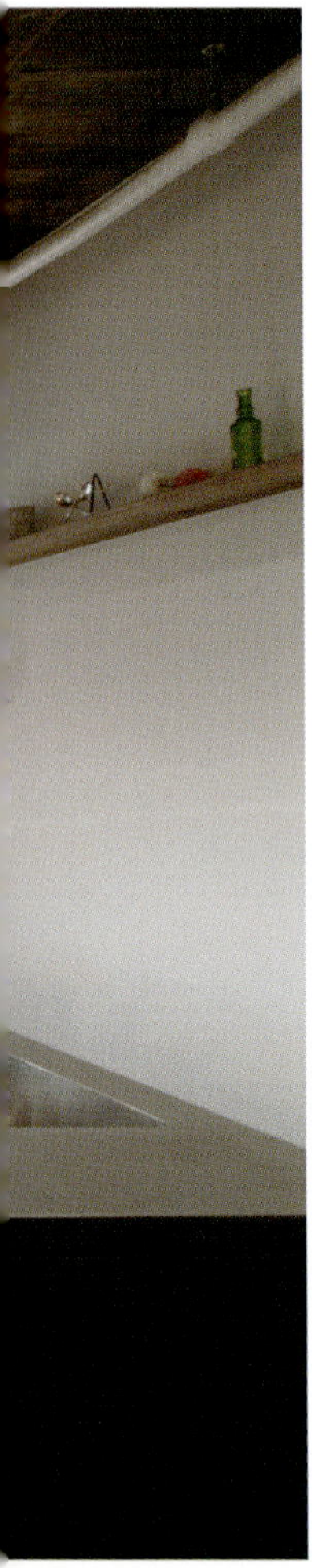

将来を見据えたSOHO空間

● 東京都渋谷区

Renovation Case 07

SOHOとしても使える自宅をお探しだったS様。打ち合わせを行うことも考えて、ＬＤＫは可能なかぎり広くしました。また玄関を挟んだ間取りにすることで、ＬＤＫと寝室・バスルームを壁で仕切ることなく感覚的にエリア分けし、普段の生活も、仕事もストレスなく過ごせるようになっています。このマンションがあるのは、渋谷駅近くのオフィスも多いエリア。将来賃貸で貸す場合もＳＯＨＯとして貸し出すほうが賃料を高く設定できる可能性が高いということで、将来に備えた空間にリノベーションしました。

マンションスペック

面積：68㎡
プラン：1Room+WIC
構造：マンション RC造
築年数：45年
リノベーション費用：700万円

Renovation Plan

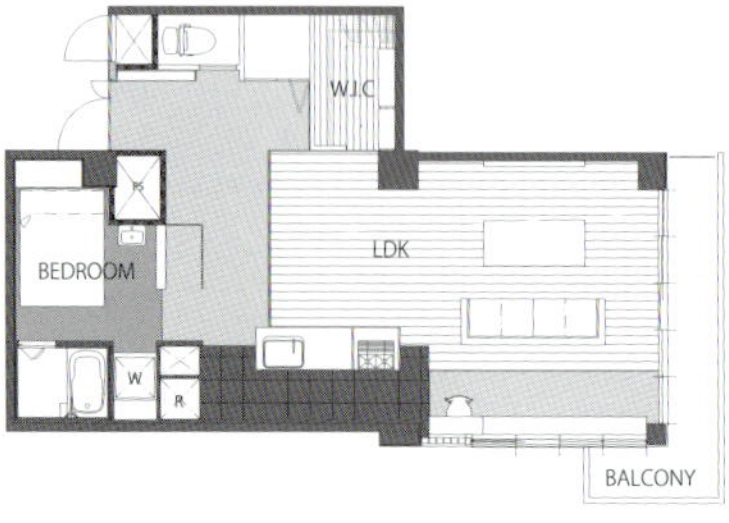

Before

● Pickup

生活や仕事で使うLDKスペースをできるだけ広くとるため、ベッドルーム・洗面・バスルームを1箇所にコンパクトにまとめた間取りにしているのがポイントです。

ワークスペースは壁で仕切らず土間にすることで、仕事をする空間として感覚的にエリア分けしました。気持ちを切り替えるための工夫です。

前面に飾り棚をつけたオリジナルキッチン。飾り棚はお気に入りのティーポットやカップを並べて、収納兼ディスプレイとして使えます。

What's Renoveru?

「リノベる。」とは。

今までのリノベーションには、３つの不安がつきものでした。

(1) デザイン (2) 価格 (3) リノベーション費用のローン

「リノベる。」はこれらに答を出しました。

(1) セミオーダー制とショールームで確認してデザインできる

(2) 定額制にする

(3) 物件＋リノベーションをまとめたオリジナルローンをご提供する

「セミオーダー」で理想へダイレクト

「フルオーダー」はありとあらゆるパーツを候補に、オンリーワンをつくる作業。
「リノベる。」ではお客様の選ぶ楽しみを第一に、この工程を「セミオーダー」にしました。
セレクトショップのように、あらかじめ設計デザイナーたちが人気の高い素材・パーツを厳選し、
ご用意しています。わかりやすく効率的に選んでいただけるので、
デザインのイメージはより明確になり、ブレずに完成まで至ります。

デザインクオリティは無限

セミオーダーだからといって、デザインは制限されません。
まず、間取りはゼロから考えます。一人一人のライフスタイル・好みに合わせて、
バリエーション豊かな提案が生まれます。

専属コーディネーターがサポート

不動産屋さんにデザイナー、ローンの手配……ちょっと面倒そうな気がしていませんか？
「リノベる。」ではあなたに専属コーディネーターがつきます。あなたの隣で一緒に不安を解消しながら
ゴールを目指します。完成後のメンテナンスのご相談などもお気軽に。

http://www.renoveru.jp/

リノベーションのススメ

あなた仕様の愛せる家へ。
住みたい街で、生まれかわる中古住宅

リノべる株式会社
山下智弘

住宅新報社

第1章

リノベーションの今

第2章 請負型リノベーションのメリットとデメリット

第3章

それを解決したのが『リノべる。』です！

目次

第4章

知って得する！　賢いリノベーション！

第5章 リノベーションの実例

Q&A

まえがき

もしも日本が1000人の村だったら。
毎年10人が家を買おうとしています。
そのうち、9人が新築住宅を買い、
1人が中古住宅を買います。

この村には、現在450軒の家がすでに建っていて
そのうち、130軒は空家で誰も住んでいません。

今までこの村には家が足りなかったので、
村をあげて一生懸命、住宅をつくってきました。
10年前までは、毎年12軒も建てられていました。
しかしその結果、今は家が余って空き家になってしまっています。
それでも、毎年6軒家が建てられ続けています。
なぜなのでしょうか?

その理由の一つは村の1000人のうち280人もの人が
建築・不動産に関わる仕事をしているから。

村長はそう簡単に
「もう家は建ててはいけない！」とは言えません。
そんなことを言ったら多くの人が失業してしまいます。

この村の家のうち１００軒がマンションで、
その１００軒のうち40軒が築20年以上のものです。

マンションは約20年で建物の価値がゼロになるといわれています。
本当はあと40年ほどは十分に使える建物なのに
それは、粗大ゴミ以上の邪魔物扱いされています。

今１０００人いる村の住人は、50年後には、７００人に減ると予想されています。
一方で時間が経つごとに築20年以上の古いマンションの空き家はどんどん増えています。
そこで村長は考えました。「これを有効に使っていくべきだ」と。

こんなことから、この村では「今あるものを再生しながら
上手に使っていこう」という考え方に変わっていきました。

これなら、家を再生するのに人材も必要なので雇用も守れます。
いろいろなものを使い捨てるのではなく、リサイクルするという考え方が
だんだん村の中に浸透していきました。
そして中古住宅は価格が安いという理由もあって
今では10年前と比べて、築20年以上のマンションが2倍近く売れています。

ただ、中古マンションは売出し当時の人の暮らしに合わせた間取りやデザインに
なっていて
そのまま住むと窮屈で住みにくいものです。
昔の暮らしに合わせてつくられた家に自分を合わせて暮らすより、
それぞれの暮らしに合わせて家をつくりなおすほうが楽しくて幸せになれる。

せっかく買う家。多くの人にとって一生に一回の大きなお買い物。
家を買うということは、
その後の暮らしやそこで生み出される時間を買うということなんです。

理想の暮らしや夢を叶えるリノベーション。
村の人々が幸せに暮らしていくために……。

第1章

リノベーションの今

日本の住宅ウラ事情

住宅の購入に関して、日本では世界に比べて新築にこだわる傾向がありました。あり余る中古物件に注目する人は少なく、多くの人々は新築にこだわり、新築を夢見てきました。

新築志向の全盛期はバブル時代。最も高い買い物であった住宅購入で多くの人は新築を選択し、そのことが経済発展に貢献したと言われています。

私の年齢だと、大学に入るあたりには既にバブルが崩壊していましたが、余韻も十分に残っていたので、若干ですが、それなりの恩恵を受けた世代でもあります。

そんな世代の私が感じてきたこと、それはあらゆるものにブランドを優先する日本人の考え方。いわゆるブランド思考が日本に蔓延していた時代でもありました。そしてそういった意味では、〝新築〟も、ある種のブランドになっていたように思えます。

どこに住むか、そしてどんな家に住むかの前に意識されていたのが〝新築〟であるかどうか。ブランド思考の人たちは、中身よりもブランド名を気にすると言いますが、実際、新築と中古のメリット・デメリットに気付かずに「新築であれば問題なし!」

［図表］既存住宅流通シェアの国際比較

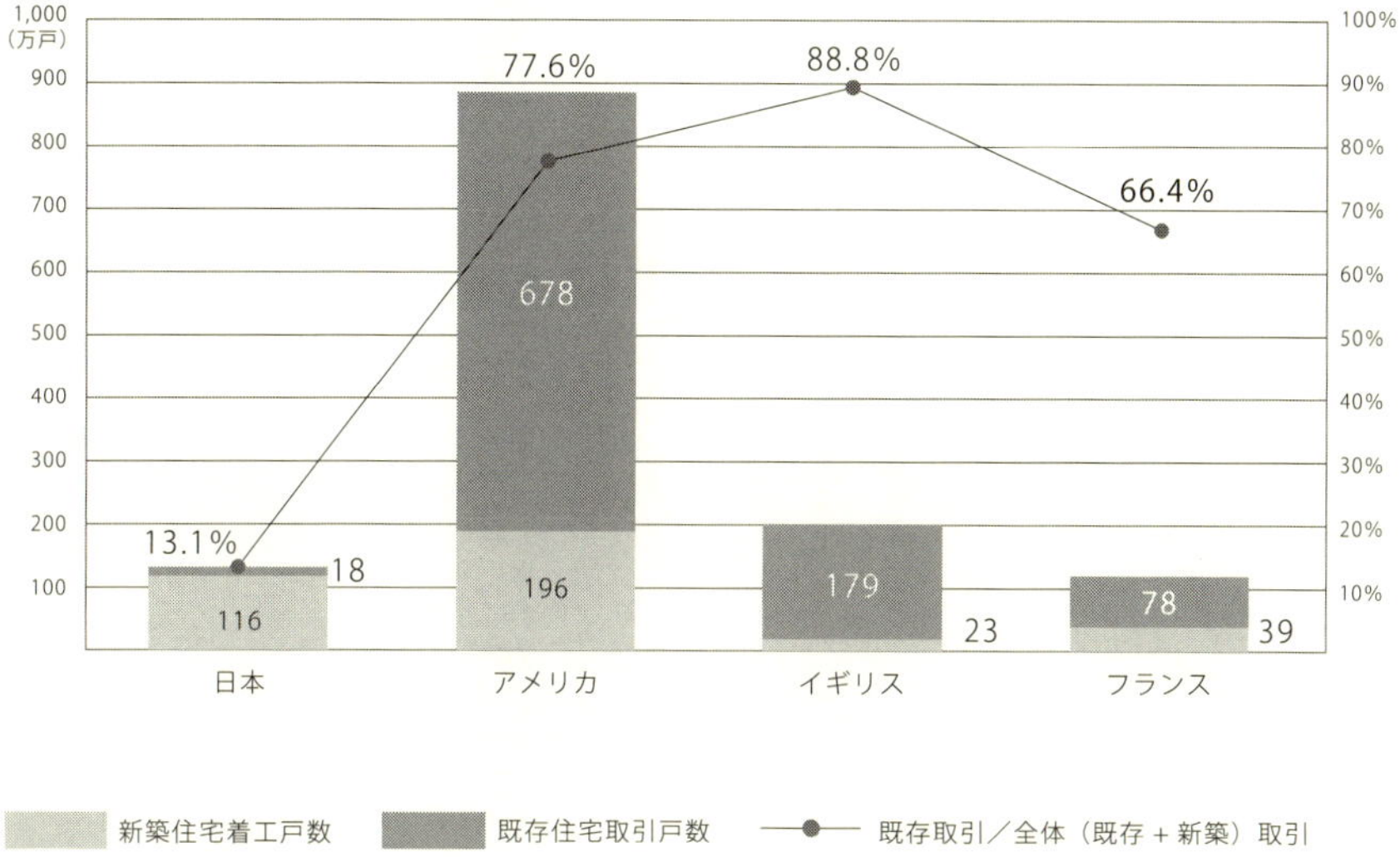

というバブル全盛ならではの、意気盛んな選択で、日本中が新築を追いかけたわけです。

そしてその風潮は近年まで続き、やはり今でも「新築が良い！　新築でないと！」という感覚が多くの人に残っているようです。

この感覚が常識と思われる方もいらっしゃるでしょうが、図を見ていただくと分かるように、実際世界と比較してみると、他の国々では新築に対して特別なこだわりはなく、こうした風潮は日本特有のものです。

日本の価値観を必ずしも世界に合わせる必要はないとは思いますが、その価値観を正当に理解するには、なぜ日本人だけが新築にこだわってきたのか、その理由を知る必要があります。

多くの人にとって、住宅購入は一生に一度の大きな買い物です。自分に本当に適したものを手に入れられなければ、一生後悔するかもしれません。

一生に一度の大きな買い物で失敗しないために、より深く住宅事情を知っていただきたいと思います。

なぜ「新築」だったのか？

日本人が新築にこだわってきたことには、大きく二つの理由があります。

一つは効率性。高度成長を迎えた日本では、より多くつくって儲けるために、壊して建てる方が効率的と考えられました。

第2次世界大戦で敗戦国となった日本の国民一人一人が被った被害は、今の時代では想像もできないほどだったと思いますが、そんななか、日本人は荒れ果てた大地に復興の希望を持ち、経済発展を遂げていきました。

そして迎えた高度成長期。この頃の日本は、とにかく勢いがあり、特に不動産業に関していえば「買えば、必ず売れる」とまで言われ、「建てては売る」を繰り返し、この時代の好景気を築いていったのです。

そんな、勢いのある時代に行われていたのが、いわゆる地上げです。

「ごめんね、ここにマンション建てるので、お金あげるからどいてくれない?」

どこかで聞いたことのあるような決まり文句ですが、買い手は自信満々に住民が驚くような金額で交渉していた時代でした。

住民は、多額のお金を受け取って家を立ち退き、新築マンションが建ち始めます。そうして建設ラッシュが始まりました。

新築マンションを建てるには多くの働き手が必要になります。

あるケータリング会社の経営者の方に、マンション建設の現場を追いかけるだけで商売が成り立つという話を聞いたことがあります。ある程度の規模のマンションであれば、工事業者や警備員、現場に立ち寄るトラックの運転手等を入れると、相当な数になります。

新築のマンションを建てること自体が多くの人に仕事をもたらし、経済を潤す仕組みとなるのです。立ち退きを要求する仕事、家を壊し建てる仕事、建ったマンションを売る仕事。建築・不動産業に関わる多くの人々にとって、新築マンションは宝の山でした。

新築マンションの建設は日本経済の急成長に必要とされ、また国が効率よく儲ける仕組みとして「スクラップ&ビルド」の考えを押し進めたとされています。

そして二つ目の理由は、産業構造です。

日本では、4人のうち1人が建築や不動産に関する仕事に携わっているということ、ご存知でしたか？　こんなに多いということは、新築マンションが1棟建つことで経済的に潤う人たちがかなりの数いるということです。

4分の1という数字で思い出すのが、現代の高齢社会。日本人の4人に1人が65歳以上と言われていますが、その割合と同じ、という意味では日本は立派な建築・不動産社会とも言えます。高齢社会では福祉関連の制度や仕組みが充実していくように、建築・不動産社会においても、それに合わせた仕組みがつくられていきます。

日本で4人に1人が建築や不動産に関わる仕事をしていれば、自ずとその産業を潤わせる新築至上主義的な考えが生まれ、それが次第に人から人へと広まり「新築でないと」という欲求を生み、経済における環境をつくりだしてきたのです。

不景気を迎えた日本の住宅事情

近年、新築マンションの数が急激に減りました。図を見ていただくと分かるとおり、1996年の住宅着工戸数が160万戸なのに対し、2010年は80万戸です。たった15年で戸数が半減したことが分かります。

日本人の4分の1の人に関係する仕事が半減したという意味でとても深刻な問題です。こういった状況に至った理由は、〝不景気〟という言葉で片付けられてしまいが

［図表］住宅着工戸数の推移

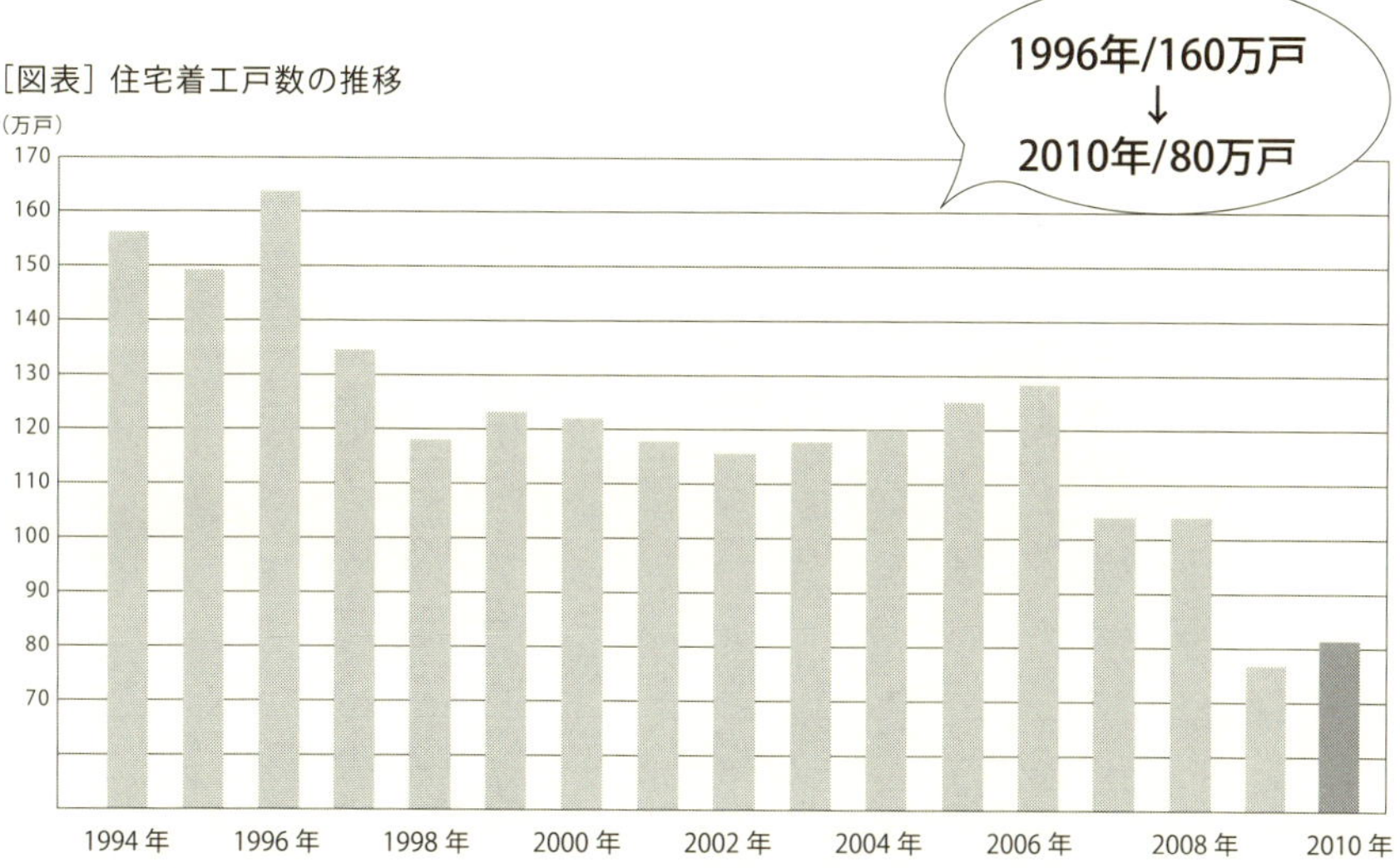

（資料）国土交通省「建設着工統計調査報告」

ちですが、実のところ、それ以外にも新築を建てられなくなった理由があります。土地の飽和状態がその一つです。

建物は土地がなければ建てようがありません。その状態をどうにかする策として地面を共有するマンションができたはずでしたが、それでも結局土地が足りない状態になってきました。特に一等地と呼ばれるようなところでは、建物を建てるのはかなり難しいと言われています。

しかしこの問題、先ほどの話と比べると、少し矛盾があります。今までの不動産事情を考えると、「それなら壊して建てれば良い」となるはずです。なぜ以前は壊していたものが壊せなくなったのでしょうか。そこには単純な理由があります。それは、マンション建て替えの難しさにあります。マンションには戸建て住宅の何倍もの人が住んでおり、住む人の生活環境もそれぞれに異なります。建て替えのために1軒1軒声をかけるのもとても大変な上に、マンションの建て替えは区分所有者（専有面積などに比例する「議決権」）の5分の4以上の同意を得ないと行えないため、現実的には不可能に近いとされています（政府は老朽化したマンションの建て替えを促すため、区分所有法など関連法制を見直す方針で、建て替えに必要な同意を5分の4から3分の2に減らす法案を2013年の国会に提出する予定です）。

住宅業界の今

戦後最悪と言われるこの不況下、住宅環境は今どうなっているのでしょうか。

変化の一つは、築20年以上のマンションが増えたこと。

壊れない限り存在し続けるマンション。今もなお、築20年以上のマンションは増え続けています。

図のように、1960年代までは住宅数と世帯数のバランスがとれていましたが、年を追って崩れ始め、今は住宅数が世帯数を上回り、住宅が余っている状態なのが分かります。

[図表] 住宅ストック数の推移

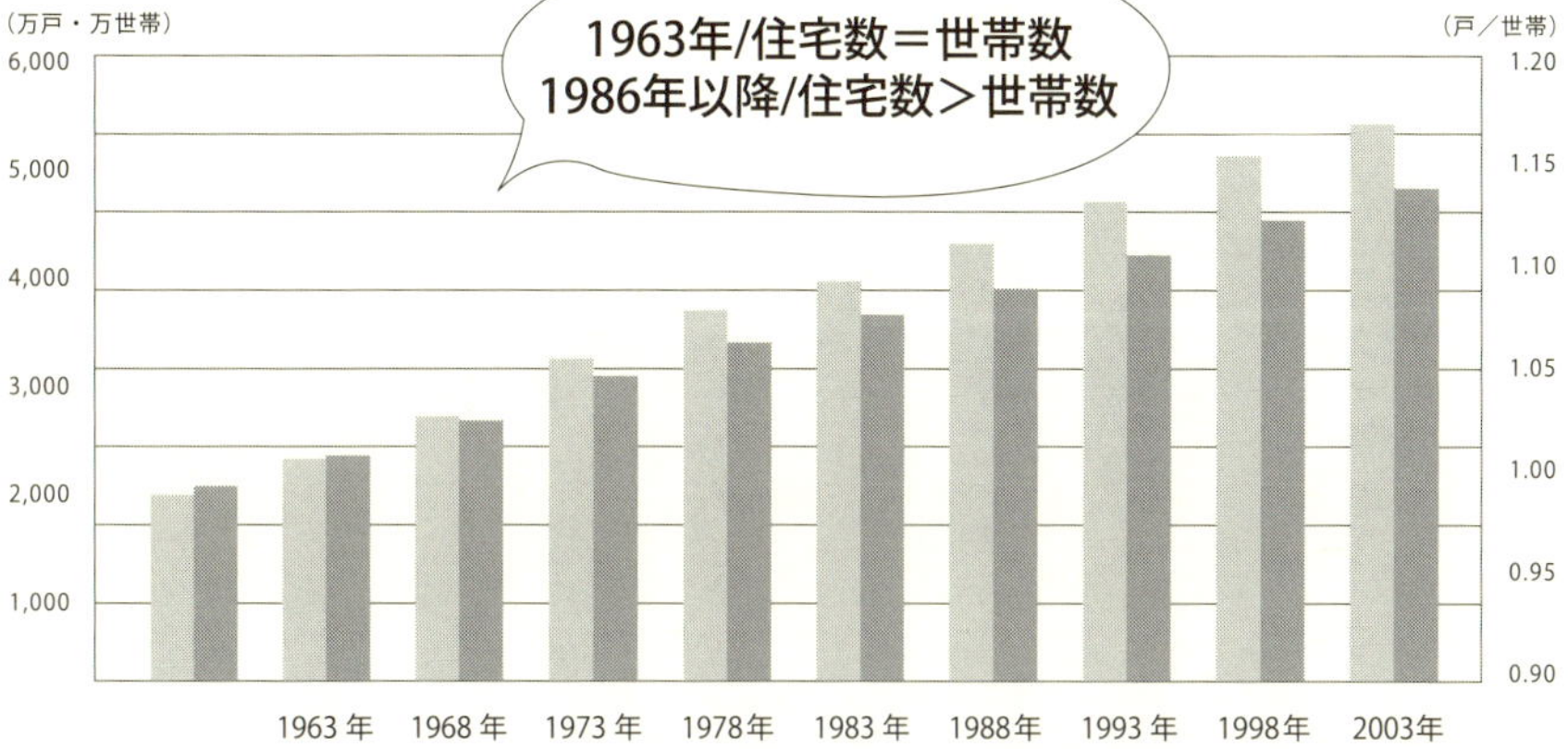

	1963 年	1968 年	1973 年	1978年	1983 年	1988年	1993 年	1998年	2003年
住宅数	2,109	2,559	3,106	3,545	3,861	4,201	4,588	5,025	5,389
世帯数	2,182	2,532	2,965	3,284	3,520	3,781	4,116	4,435	4,726

（注）世帯数には、親の家に同居する子供世帯等（2003 年 =38 万世帯）を含む
（資料）総務省「住宅・土地統計調査」

この中古住宅の流通の問題は業界のみならず、社会問題として取り上げられています。実際2006年6月8日施行の住生活基本法の中にも「既存（中古）住宅の流通シェアを13％から23％にする」などの目標が盛り込まれ、政策的にも改善が求められています。

これを受け、業界内では住宅の流通構成を「スクラップ＆ビルド」から「ストック型」に変えていく動きが活発になり、〝中古〟は今までとは全く違った観点で見られるようになってきました。

そして住宅環境に起こったもう一つの変化は新築住宅の立地です。新築住宅が建てにくくなってきているとはいっても、業者としては建てないわけにもいきません。

だとしたらどうするか？　簡単です。

「今までと同じエリアに建てられないのであれば、建てられる所を探せばいい！」

最近、交通の便が決して良くない新築物件をよく見かけますが、これこそが近年の住宅事情を示す典型的物件です。飽和した人気エリアに建てられない今、大手ディベロッパーが行っているのは〝埋め立て〟や、設備やビジュアル重視のマンションの建設。

こういった物件に多いのが、立地の悪さをカバーするための派手なブランディング。広告力を頼りに、購買欲を高めているのが特徴です。

住宅事情を知った上で

多くの人が求める新築住宅、多くの人が住みたいと思う街。

しかしそこには、双方を両立させられないジレンマがあります。

「新築」と「住みたい街」を同時に叶えることが難しくなっている今、家を買う上で何を優先するのかしっかりと見極める必要があります。そしてその判断を誤らないためには、まず自分のライフスタイルを理解し、そして自分が何を大事に思っているのか把握しておくことが大切です。これがはっきりしていないと、どっちつかずの選択しかできず、理想と異なる家を買ってしまいかねません。

住宅は人生において一、二を争う高い買い物。迷いも出てくるし、期待の半面、不安もあると思います。だからこそ住宅購入に当たってのテーマを設けることで、自分の〝譲れないポイント〟を見つけ出すことができます。それによってコンセプトがはっきりし、最後までブレることなく納得のいく買い物ができるのです。

物件選びのコツなど、細かい所は後ほどじっくりご説明するとして、まずは理想の自分のライフスタイルをじっくり考えてみてください。あなたが大事にしている時間、場所、過ごし方など、自分の頭の中でバラバラになっているものを、一度整理してみましょう。そういったものがあなたらしさとして、これからの住まい選びに生きてきます。導き出した〝譲れないポイント〟が確かであれば、きっとあなたに合った物件に出会えるはずです。

『古い＝悪い』の意識が変わった

今より少し時代を遡りましょう。街で見かけたこんなシーン。

「わたし、家買ったんです！」
「ホント？　スゴいじゃない！」
「ええ。中古なんですけどね。」
「中古？　……へぇ」

中古と知った途端相手の顔色が変わるという悲しい現実が、一昔前にはありました。中古住宅を買った人たちにも「中古なんですけどね……」と胸を張れない気持ちがありました。新築かどうか、それが最重要視されていた時代。「古い＝悪い」という偏ったイメージがありました。

例えばファッションでも20年ほど前までは「古着なんて気持ち悪い」と思っている人はたくさんいましたし、中古の服は新品の服を買えない人が着る妥協服と思われていた時代もありました。

しかし、今では古着もすっかりファッションスタイルとして定着し、多くの人が古着を楽しむようになりました。

時代と共に変わりゆく価値観の中で、〝古い〟物への意識は変わってきています。

時間は質の良い物に〝味わい〟をもたらします。

例えばアンティーク家具。使い込んできたその色や質感こそが歴史であり〝味わい〟になります。

良い悪いではなく、〝味〟を大事にするスタイルが生まれてきました。

「古いから悪い」ではないし、「新しいから良い」わけでもない。

こうした新しい価値観が若い世代を中心に広がってきており、きっとこれからも受け継がれていくと思います。

今は、古い新しいということだけが物の価値基準にならなくなりました。古い物を大事にすることは、文化を受け継ぐことでもあります。味わいを増した古い物は、きっとあなたの個性になり、あなたの魅力を引き出してくれるはずです。

リフォームとリノベーションの違い

古い物を楽しむ意識は住宅市場にも変化をもたらしています。中古住宅に注目が集まり始め「家を買う＝新築」ではなくなってきました。味のある古い外観は「レトロ」と表現され、大切に管理されてきた古いマンションは「ヴィンテージマンション」と呼ばれ人気を博しています。今、ポジティブな中古購入が広がってきています。そんななか、中古住宅に快適に暮らすための改修工事である「リフォーム・リノベーション」に注目が集まっています。

「リフォーム」というのは、時間を経て汚れたり古びた内装を、新築の状態に近づけるための改修です。剥がれた壁紙を貼り替える、古くなったキッチンを新しいものに取り換える、などの改修がこれにあたり、部分的な工事の場合がほとんどです。

これに対し「リノベーション」というのは、住宅全体を生まれ変わらせる包括的な改修です。既存の内装をすべて取り払い、間取りを含めて今の暮らしに合わせてつくり替えることも多く、その住宅に新しい機能や価値を与えるものです。元々の間取りや仕上げ、機能にとらわれることなく自由な発想で手を加えることにより、新築当時

リノベーションとリフォームの違い。

リノベーション
Renovation.
機能、価値の再生のための改修
その家での暮らし全体に対処した
包括的な改修
your home ♥
リフォーム
現状回復のための改修
営繕不具合個所への
部分的な対処
既存住宅全般

の価値を上回ることができるのがリノベーションならではの魅力です。

何度か自宅のリフォーム工事をしたことがあるというお客様から、リノベーションのご相談をいただくことも多いのですが、こういった方に共通する悩みは、壊れたり古くなったりした箇所をその時々で部分的に直したため、ちぐはぐな印象の見た目になってしまった上、結局不満が解消されなかったというものです。数回のリフォーム工事費用の総額が住宅全体のリノベーション費用より高額になったという方もいました。

リノベーションはその住宅に

リノベーションとは？

リノベーションって言葉。なんとなくは分かっているつもりだけど・・・。

リフォームで失敗する人々

手軽なゆえにリフォームを繰り返す人々の現状

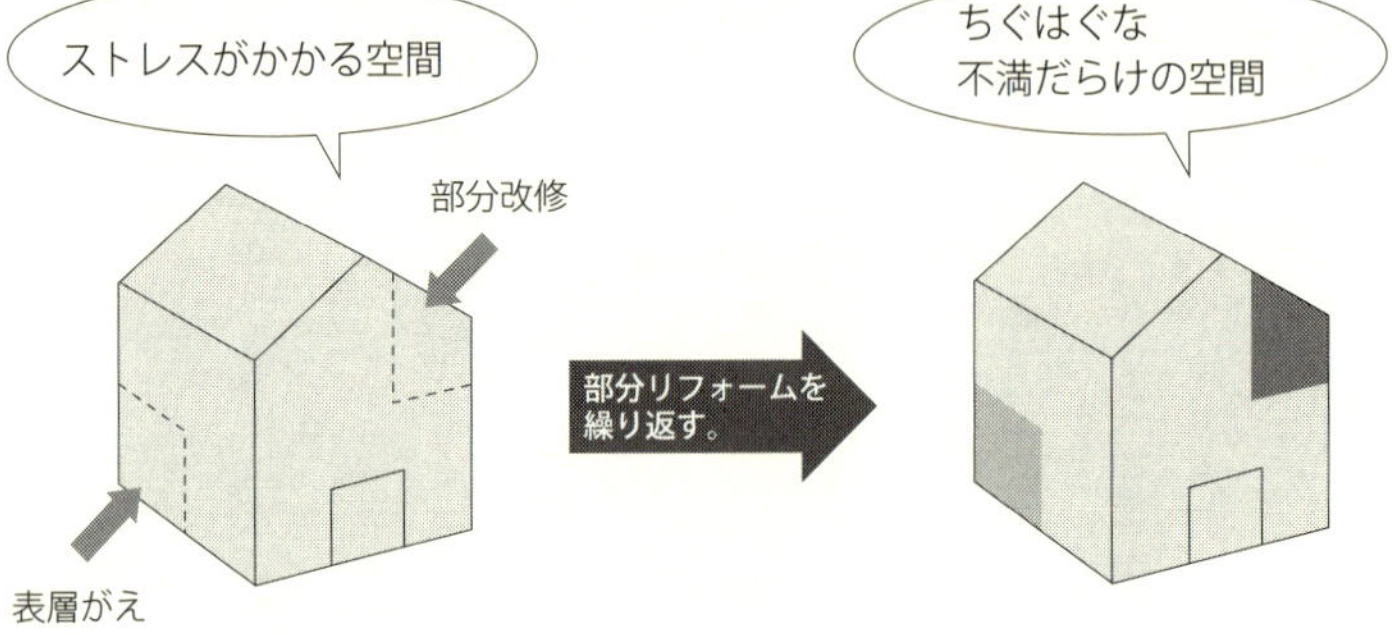

対し、住む人のライフスタイルを反映させた包括的な改修を行うため、工事後の満足度にも違いが出てきます。

「リフォーム・リノベーション」と並べて表記されることも多いこの二つの住宅の改修工事。実際は核となるコンセプトも、得られる結果も全く異なるものなのです。

リノベーションってどこに頼むもの？

では、そのリノベーション、みんなどうやって行っているのでしょうか？どこに頼んで、どんな話をして、どのくらいの日数で完成しているのでしょうか？最初に問い合わせるのは、工事業者？　不動産会社？　設計事務所？　それとも……？

リノベーションという言葉は知っていても、実際にやろうと思うと分からないことだらけ。実は日本は、リノベーションを行う専門の会社ができてから10年ちょっと。まだまだ新しいものだけに、詳しく知っている方は多くありません。「リノベーションって興味はあるけどよく分からない」という方のために、ここからリノベーションについて詳しくご説明していきたいと思います。読み進めるうちに、リノベーション完成までのステップが見えてきます。

リノベーションにも種類があります

二つのリノベーション

リノベーションと一口に言っても、実は2種類あります。
販売方式によって分けられるその二つは、【買取再販方式】と【請負方式】です。
簡単に言うと、店頭に並んでいる物を買うか、注文してつくってもらうかの違いです。
ではこの、【買取再販方式】と【請負方式】、どういった違いがあるのでしょうか。

【買取再販方式】

「買取再販方式」とは、一度専門業者が売主から住宅を買い取って、リノベーションをした後に一般のお客様に販売する方式です。

この方法は名前のとおり、個々のお客様に合わせて内装をつくるものではなく、業者が工事を行って新築と同じように販売するので、言ってみれば買い手が決まっていない物件をまだ見ぬお客様に向けてリノベーションした物件ということになります。もちろんデザイナーがデザインしていますが、細かいディテール、例えば、壁の色や床の材質を自分好みにするなどのカスタマイズ要素はありません。ただその物件を選んで買う方法です。

この買取再販方式、お客様の目の前に並ぶまでに、内装を考えるデザイナーや物件を売る営業担当など、多くの人々が関わっているため、そこまでのコストや業者の利益が売値に含まれています。

【請負方式】

そしてもう一つが、請負方式と呼ばれているものです。

「請負方式」とは、リノベーションを行って物件を買ってもらうのではなく、お客様が買った（持っている）物件をお客様の好みに合わせてリノベーションする方式です。

間取りや内装仕上げ、それにキッチンや扉のノブまで、自分の好みを反映させてカスタマイズすることができます。できあがった家をそのまま買うのとは違い、空間を創造する楽しみがあり、リノベーションならではのメリットを十分に感じることができる買い方です。

この二つが主な「リノベーションの買い方」です。どちらが良いと思われましたか?

リノベーションが本来持つ空間に対しての自由度や経済性において、請負方式のほうがメリットが大きいと思われた方もいらっしゃると思います。

しかし、リノベーションの買取再販方式と請負方式の市場シェアを比べると、99対1で買取再販方式が圧倒的に大きなシェアを占めています。

お得で自由にカスタマイズでき、メリットの大きそうに見える請負方式は、なぜ市場に普及していないのでしょうか?

それは、リノベーションする中古物件を取り扱う不動産業者さんにとっての「売りやすさ」と大きく関係しています。新築物件と同じようにそのまま売ることのできる買取再販リノベーション物件は、不動産業者の営業マンにとっては売りやすく、お客様にとっては分かりやすく買いやすいため市場で大きなシェアを誇っているのです。

リノベーションされてから売り出される物件は、新築と同じ**不動産流通網に乗せることができるため**、流通しやすい、つまりお客様に届きやすいということです。

リノベーション済みの物件は、新築のモデルルームを見学するように、実物を見てから購入できるので、お客様にとっては「内装が新しくしてある中古マンション」を新築と同じ手順で買う感覚になります。

請負型ならもっと安く、自分らしい家を持つことができます！

リノベーションが完成している物件ではないため、買い方は新築とは異なりますが、自分らしくお得な家づくりができる請負型リノベーション。

買取再販方式とどう違うのか、どういったメリットがあるのか、どのようなステップを経て完成するのかなど、次章以降で詳しくご説明していきます。

第2章

請負型リノベーションのメリットとデメリット

請負型リノベーションのメリット

① 好きな街から考えよう

請負型リノベーションのメリットのまず一つ目は「立地が選べること」です。第1章でもお話ししたとおり、今新築マンションは利便性の良い立地に建てられなくなっています。すでに住宅が建っており、新しく建てる場所がないためです。でもこれは、別な見方をすると、購入の対象を新築から中古に移すと、購入できる物件の候補が一気に増えるということです。新築にこだわっている方にとってつらいのは、住みたい街があっても、そこに新築が建設されるのを根気強く待たなければいけないこと。いつ建てられるか分からないため、ライフプランも立てづらくなってしまいます。一方、中古住宅を購入して自分でリノベーションしたいと思っている方は、売りに出ているすべての物件が対象となるため、気に入る物件に出会える可能性もぐんと高まります。買取再販方式の場合、中古住宅のうち、すでにリノベーションされて売り出されている物件の中から選ぶことになり、やはり選択肢は狭まります。また、家に求める条件は人それぞれですから、バルコニーが南向きで、65㎡以上で、階数は2階以上で、間取りは2LDKで……など、そういった条件すべてを満たすものを、新築やすでにリノベーションされた物件の中から探すのは至難の業です。その点、「好みに合わせてリノベーションする」ことを前提に物件探しをする場合、対象となる物件数が多い上、内装のことは気にせず選ぶことができるため、条件を満たす物件に出会いやすくなります。

② 愛せる家にしよう

請負型リノベーションの最大のメリットと言えるのが、内装を自分の好みに合わせてつくりかえることができることです。最近のいわゆる新築高級タワーマンションは、共用部にバーやプール、サウナなどが設けられていたり、ホテルのようなエントランスで高級感を演出しています。仮にそれを1億円で購入したとしても、リッチな気分で部屋の扉を開けると、室内は**一般の賃貸マンションとさほど変わらない**、ということがよくあります。ビニールクロスの壁に木目調の床や扉。新築・中古・賃貸にかかわらず、内装工事が終わった状態で提供される物件に共通するこれらの仕様は、売り手側のメリットを重視して選ばれており、「商品」としてつくられた家と言えます。仕入れ値の安さ、工事のやりやすさ、メンテナンスのしやすさに重きが置かれ、そこに暮らす人のことが後回しにされているのは残念なことです。自分で好きな内装にリノベーションするというのは、暮らす人の気持ちを乗せた空間をつくるということです。例えば、会話をしながら料理をしたいからキッチンとダイニングを一体にする、寝る前にゆっくりマッサージをしたいからベッドルームの壁はお気に入りの落ち着いた色に塗装する、夏は裸足で過ごしたいから床は肌触りのよい本物の木のフローリングにする、というように理想の暮らし方から発想して、間取りも使い勝手も素材も一つずつ自分のために選び、快適な住まいにすることができます。それが、請負型リノベーションの大きなメリットです。

請負型リノベーションのデメリット

ここまで請負型リノベーションのメリットを二つご紹介しました。理想の物件に出会いやすく、内装も自由につくることができる。これは大きな魅力です。しかし、請負型リノベーションにもデメリットがあります。なぜ今まで、そこに、請負型リノベーションが広く一般に普及していない理由がありますか、その理由をご説明します。

① どんな家になるの？

請負型リノベーションの欠点の一つ。それは、契約をする時点では完成した状態を確認することができないことです。

請負型リノベーションの場合、中古マンションを購入してから工事を行うので、完成してみないことには、イメージどおりかどうかを確認することができません。通常、お客様と内装の打ち合わせをする時は、デザイナーとお客様で頭の中のイメージをすり合わせながら進めていくのですが、どんなに経験豊富なデザイナーでも、お客様のすべてのイメージを完璧に把握するのは難しいことです。

完全オーダーメイドで何かをつくる場合、初回でイメージどおりのものができあがることはほとんどないそうです。オーダースーツも3回つくらなければ納得いくものができない、と言われています。何度もつくれるものならまだ挑戦しやすいですが、住宅となると一生に一度の買い物ですし、金額も高額なだけにかなり大きな決断です。

お客様とデザイナーは会話をしながらお互いのイメージを共有していきますが、言葉というのは曖昧なものですから、感覚的なことを表現するとなるとなおさらです。お互いのイメージを交換しながら空間をつくり上げ理想に近づけていくことは、簡単なことではありません。

新築のようにモデルルームなどで実際のサイズや仕上げを確認できないことが、請負型リノベーションに挑戦する人にとってのハードルになっていたことは確かです。もちろん、プロのデザイナーがついて、大幅にズレたものができることはありませんが、家をつくることが初めてのお客様が、言葉や写真などで理想のすべてを伝えるというのは難しいものですし、仕上がりを最後まで見ることができないだけに不安にもなります。実際お客様のイメージがどこまでデザイナーに伝わっているのかも、正確には完成してみないと分かりません。

要するに、請負型リノベーションは、できあがるまで完成した状態を確認することができないというデメリットがあるわけです。

② 工事費っていくらかかるの？

請負型リノベーションの特徴は、中古マンションの購入とリノベーションの工事が、段階を追って進行することです。よくよく考えてみると、リノベーションを前提として中古マンションを購入しようにも、リノベーションにかかる費用が分からないと、全体の予算が立てられません。

例えば、購入したい中古マンションを見つけたとします。その物件でリノベーションをする場合、工事費を知るためには次のようなステップをたどる必要があります。

・デザインと工事をしてくれる会社を探す。
⇐
・物件の採寸などに行ってもらう。
⇐
・図面を描いてもらう。
⇐
・内装の打ち合わせをする。

・リノベーションの見積もりを受け取る。
⇩
物件を見てもらって、図面ができあがるのを待って、打ち合わせをして……となると、リノベーションの見積もりを受け取るまでに大体2週間くらいはかかってしまいます。人気のある物件の場合、見積もりを出してもらうまでの間に売れてしまうことも多く、リノベーション工事の見積もり期間が物件購入に不利な要素になっていました。特にいい物件は、他の人にとっても理想的な物件であることも多いのでなおさらです。

工事の金額を把握するまでの手順が複雑で時間がかかることは、請負型が選ばれにくい理由の一つです。

③ 現金で払うの？

請負型リノベーションのデメリット、最後の一つは工事費の支払いです。

もともとリフォームやリノベーションの工事費は、数年前まですべて現金で支払うことが一般的でした。最近では住宅全体のフルリノベーションをされる方も多くなり、リフォームも大規模になってきていることから、リフォームローンというものが登場してきました。リフォームローンについてご説明する前に、通常の住宅ローンの仕組みからお話ししたいと思います。

まず、住宅ローンには二つの審査基準があり、それらの審査により借り入れできる上限金額が決まると言われています。

一つは建物の築年数や構造、価格などの担保評価をし、もう一つは年収や勤務先、勤続年数や貯金などといった、人の属性で支払い能力を審査します。これらの審査によって、借り入れできる額や返済の期間が変わってきます。

では、リフォームローンはどうなのでしょうか?

通常、リフォームローンの場合、残念ながらリフォームした内装は担保評価の対象となりません。よって人の属性のみが審査の対象となり住宅ローンより基準が厳しくなっています。そもそもの評価基準が厳しいため、リフォームローンは住宅ローンに比べ金利が高く、返済期間も短くなります。リフォームが大規模になり工事費が高額になると、全額をローン組みすることが難しく、中古住宅を購入して大規模改修を行う場合、工事費用のうち、ローンを組めなかった部分は現金を用意する必要がありました。

また、頭金を用意してリフォームローンを組んだ場合も、住宅ローンと金利の高いリフォームローンの支払いが一定期間重複するため負担が大きくなります。

リフォームローンについて調べると、どこも「上限１０００万円まで」、「返済期間35年」などと書かれていますので、「なんだ、組めるのか」と思われるかもしれませんが、実際には、工事額の一部を高金利、短期間で返済することになる場合がほとんどです。このようなリフォームローンの厳しい条件は、大規模なリノベーション工事をする場合の大きなハードルとなっています。こうした金融の問題はリフォーム、リノベーション市場拡大を阻む要因になっており、ストック型社会を迎えた日本の問題として業界の注目が集まっています。

第3章

それを解決したのが『リノべる。』です！

デメリットをすべて消しました

ここまで請負型リノベーションのメリット・デメリットをご紹介してきました。

請負型リノベーションには、「好きな街に住める」「自分好みの内装にできる」など大きな魅力がありながらも、デメリットによって敷居が高くなってしまっていたことがお分かりいただけたと思います。

時代が「スクラップ&ビルド」から「中古ストック型」にシフトし、「新築」「中古」に、「中古+リノベーション」が住宅購入の新しい選択肢として加わりました。こうした時流のなか、私は、「中古+リノベーション」を、たくさんの方に不安なく選んでもらい、本当に愛せる自分らしい住まいを手に入れてもらいたい、という想いで、『リノべる。』という請負型リノベーションのデメリットを解消したサービスをつくりました。

その一　デザインの不安を解消

『リノベる。』は、お客様の選ぶ楽しみを第一に、内装の各パーツを選ぶ工程をセミオーダーにしました。セレクトショップのように、あらかじめ設計デザイナーたちが人気の高い素材・パーツを厳選しています。ラインナップは、はがしたままの天井や塗装仕上げの壁、無垢材のフローリングなど、リノベーションならではの雰囲気を演出できるものばかり。分かりやすく効率的に選べるので、デザインのイメージがより明確になり、ブレずに完成まで至ります。

また、ショールームで、セレクトできるパーツを使ったリノベーション空間を確認できるようにしました。中古マンション一戸をまるごと再現していますので、サイズ感や仕上がりも実物大で、見て、触れて体験していただけます。実際に施工された状態を確認できることで、それまで言葉や写真だけですり合わせていたイメージをより鮮明に共有できる点も安心です。ショールームは2012年6月現在、東京・埼玉・静岡・名古屋・大阪・神戸・岡山にあり、今後も福岡・仙台を始め各地にオープンしていく予定です。

【せっかく自由なのにセミオーダー？】

セミオーダーといってもデザインは制限されません。家づくりで一番暮らし方が反映されるのが間取り。間取りは自由設計で、お客様に合わせてゼロから考えます。基本のセレクトラインナップは揃えてありますが、対応できないものは基本的にはありません。フローリングや天井・壁の仕上げや、キッチンや洗面などの設備、扉やフックなどのパーツに至るまで、お客様の様々なご希望に柔軟に対応しています。基本のセレクト商品をそろえた上で、一人ひとりのライフスタイル・好みに合わせて、バリエーション豊かなご提案をしています。

その二　価格の不安を解消

これまで、リノベーションの工事金額を知るためには、「設計事務所や工務店を探して、現地を見に行き、図面を作ってもらい、打ち合わせをして、2週間くらい待つ」という長い行程をたどらなければいけませんでした。見積もりを待っている間に物件が売れてしまうこともあり、リノベーション希望者にとってハードルとなっていました。物件の候補が決まるまで、リノベーション工事費の見積もり依頼ができず、物件購入費とリノベーション工事費の総額予算を立てにくいという問題もありました。

そういったリノベーション費用の不安を解消するため、『リノベる。』は60㎡600万円という基本プランをつくりました。細長い造りの部屋も、正方形の部屋も、欠けのある部屋も60㎡であれば600万円です。この料金には既存の内装を壊したり、配線や配管を新しくしたり、無垢材のフローリングを貼ったり、というリノベーションに必要な工事内容一式が含まれています。また、『リノベる。』はセミオーダー制ですので、『リノベる。』オリジナルデザインは、デザイン費も基本プランの料金に含まれています。オプションとして選べる多数のアイテムは、ご予算を見ながら好みや必要に応じて追加することができます。

その三　ローンの不安を解消

先ほどご説明したとおり、中古住宅を購入してリノベーションしていた方は、リノベーション工事費を全額現金で支払うか、高金利で返済期間の短いリフォームローンを利用して支払いをしていました。リフォームローンの返済条件が厳しい理由は、リフォーム部分が担保評価対象とされないためです。

私は10年ほどリノベーションに携わるなか、この問題が解消できない限り「中古＋リノベーション」が広がっていくことは難しいと感じていました。そこで『リノベる。』は、銀行と提携し、リノベーションをされる方にとって利用しやすいローンの

従来の住宅ローン

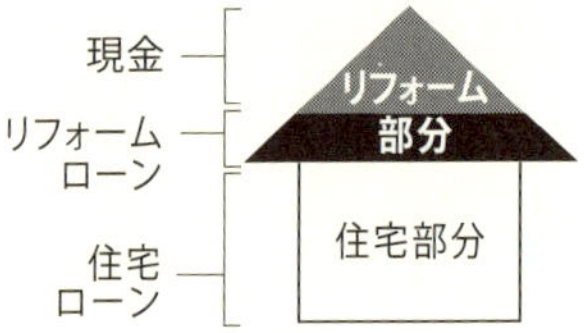

リフォームローンは金利が高いうえに、リフォームが大規模になると全額ローンを組むことが難しく、現金を用意する必要もあった。

リノベる。の銀行提携ローン

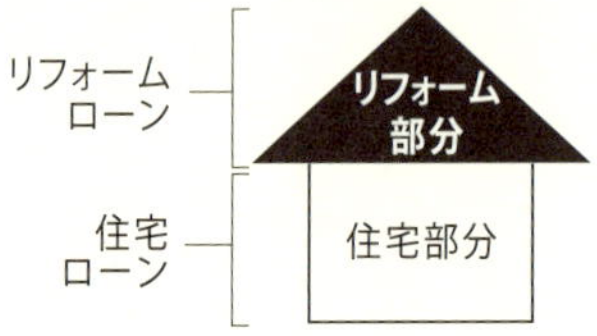

住宅購入とリノベーション費用を一括で借り入れできる。住宅ローン並みの金利を適用し、返済期間は最長 35 年。

提供を可能にしました。

このローンが一般のリフォームローンに比べ利用しやすいポイントは

・住宅購入費用とリノベーション工事費を一体化させて組むことができる

・リノベーション工事費も住宅ローンと同等の金利になる

・工事が大規模になった場合でも全額を返済期間最長35年で組むことができる

という点です。

こういった条件は、リノベーションの質が認められ、内装部分が担保評価対象となったことによって実現しました。ローンの問題が解消されたことでリノベーションの敷居はぐっと下がり、たくさんの人にとって無理なく挑戦できるものになったと思っています。同時に、自分らしい自由な住まいが広がっていくことを期待しています。

デメリットを打ち消し、さらなる取り組みも

こうして『リノベる。』は請負型リノベーションの三つのデメリット、①デザイン、②工事金額、③ローンを解消してきました。

ここで『リノベる。』についてもう少し詳しくお話しさせていただきます。

まず、ご提供しているサービスは、大きく分けて三つです。

・物件探し
・リノベーション工事
・ローン

この三つは中古住宅を購入してリノベーションする方にとっての必要不可欠な要素ですが、すべてを自分でこなすのはかなり大変です。物件探しは不動産会社、リノベーション工事は設計事務所や工務店、ローンは銀行などの金融機関、とそれぞれ異なるところに相談しなければならないため、手間がかかります。そこで『リノベる。』

では、これらの三つのステップをまとめて提供することにしました。お客様一人ひとりに「コーディネーター」という専属の担当がつき、物件探しからローン組みまでを一貫してサポートします。

また『リノベる。』は物件探し、設計、ローンをそれぞれの専門家である不動産会社、設計事務所、金融機関と協力してご提供しています。これらの協力企業は私たちの想いに共感してくれたパートナーで、お客様の「リノベーションして自分らしい生活がしたい」「賢く住宅購入したい」という気持ちを理解してサポートしてくれる心強い味方です。いつでもすべてを相談できるコーディネーターと、頼れる専門家のサポートでリノベーションに不可欠な三つのステップがかなりスムーズになっています。これらの一貫サポートは先ほどの定額制料金の中に含まれますので、その点も安心です。

また、『リノベる。』のウェブサイトでは、いつでも

・物件探し
・リノベーション工事見積もり
・ローン返済シミュレーション

がご利用いただけます。リノベーション向きの物件を見つけて、好きなアイテムや仕様を選んで見積もりを出す、物件価格とリノベーション工事費を合計してローン返済のシミュレーションをする、という通常、不動産・建築・金融の三つの会社を回って

数週間かかっていた行程が数分で簡単に行えます。忙しい方でも、ちょっとした空き時間や夜帰宅してからウェブサイトで行えますので、ぜひ一度試してみてください。

リノベーションをしよう！

『リノベる。』の物件探し

リノベーションに欠かせないステップの最初の一歩は物件探しです。リノベーションに適した物件選びのポイントって、どんなところだと思いますか？　新築やリノベーション済みの物件とは異なる、リノベーション前提での物件探し。ここではそのコツについて、『リノベる。』が多くご要望をいただくマンションに絞ってお話ししたいと思います。あなたの物件探しの参考にしてみてください。依頼している不動産屋さんに伝えて、一緒にチェックしてもらうのもいいと思います。

ポイントは大きく分けると、「構造」「価格」「ヌケ感」「リフォーム前」の四つです。

マンションの構造を考える。

CheckPoint

ラーメン構造はリノベ向き

・柱と梁で建物を支えているラーメン構造。
部屋うちの壁は解体可能なので、
間取りをある程度自由に決めることができる。

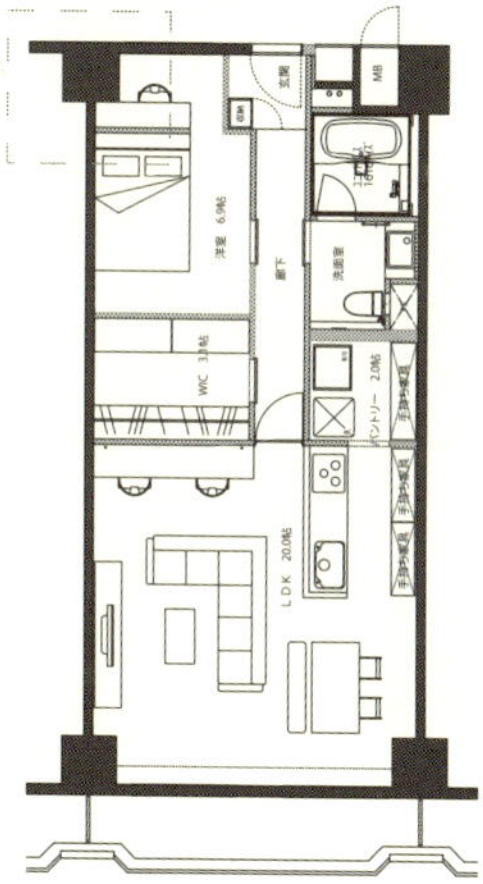

CheckPoint

壁式工法なら購入前に
しっかりしたプランを。

・壁で建物を支えている壁式工法のマンション。
壁が躯体壁となっているので壁を壊すことが
できない。間取り変更が難しいので、
購入前にはしっかりしたプランニングが必要。

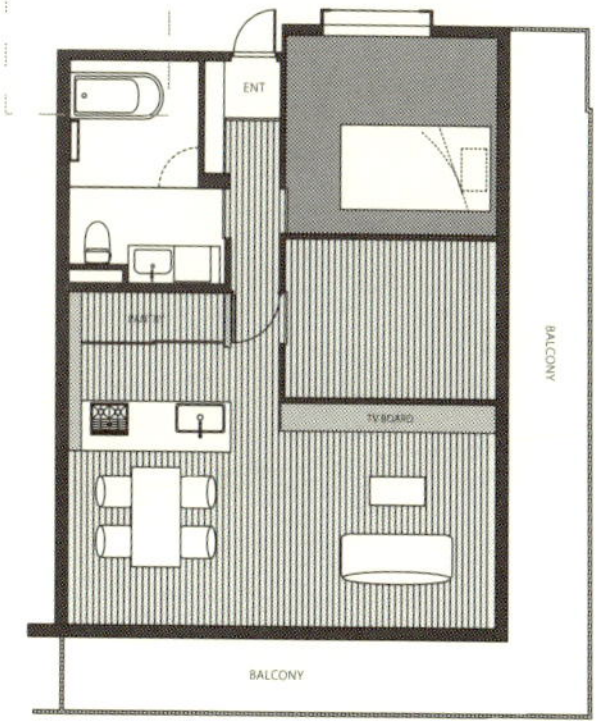

【構 造】

まずは構造ですが、マンションの構造には大きく分けて二つのタイプがあります。

一つはラーメン構造といって、建物を主に柱と梁で支える構造のもの(「ラーメン」というのはドイツ語で骨組みを意味します)。

もう一つは、壁式構造といって建物を耐力壁という壁で支えるもの。

ラーメン構造の場合、柱と梁さえ残せば、室内の間仕切り壁は解体可能なので、リノベーションで間取りを変更する際の自由度が高く、そこは大きなメリットと言えます。

一方、壁式構造の場合、室内にも解体できない耐力壁があり、間取りの自由度が制限される場合があるため注意が必要です、ただ、室内に柱や梁が出っぱらない分、すっきりとした空間にできるというメリットがあります。

壁式構造は、鉄筋コンクリート造で5階建て以下の、規模が比較的小さい中低層マンションに多い造りですが、数としてはラーメン構造のマンションの方が圧倒的多数です。

どちらが良いということはありませんが、間取りはライフスタイルが大きく反映される部分ですので、自分だけの愛せる家をつくる上でとても大切です。例えば、「ベランダからの光が部屋の奥まで届く部屋にしたい」、「家族の様子が見渡せるダイニングキッチンにしたい」など、ご自身の希望に合わせて納得のいく間取りが実現できる物件かどうかを見極めるために、建物の構造にも注目していただきたいと思います。

【価　格】

中古マンションを探す上での「価格」の見極めは、どのようにすればいいのでしょうか?

でもその前に、そもそも中古マンションの価格というのはどのように決まるので

それを解決したのが『リノベる。』です！

新築マンションor中古マンション？購入した後の資産の目減り

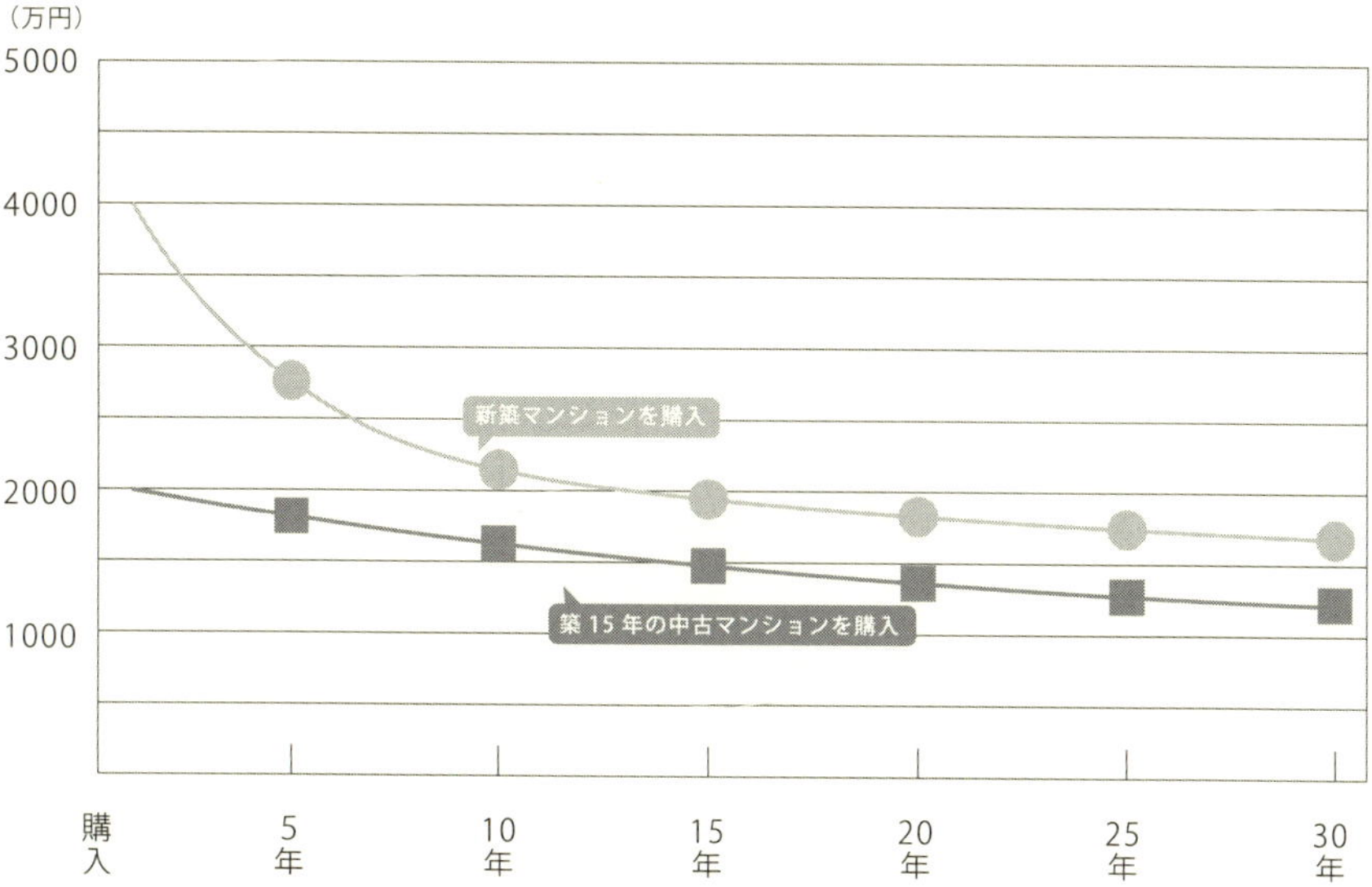

しょうか？

マンションの価格は、築年数に応じて限りなくゼロに近づいていきます。住宅の価値は通常、土地と建物の二つの審査基準から査定されます。土地の価格は常に変動するものですので、例えば家の近くに駅ができて人が集まるようになれば、需要が高まり土地の値段が上がります。人気がある所は高く、人気がない所は低い、これは新築でも中古でも同じです。一方、建物の価格は、築年数に応じて次第に落ちていきます。

当然ながら価格は新築時

が一番高い状態で、そこから急激に落ちていきます。大幅な値動きがなくなるのは、建物が建っておよそ15年ほど経ってから。大幅な値動きがなくなってからの価格が、自分らしくリノベーションしたいと思っている方にとって最適な価格といえます。築20年以上になると購入後の値動きがほぼなくなりますので、そういった安定した物件を見つけて、古くなっている内装は自分に合わせてリノベーションする。こうすることで資産価値も高く、中身の満足度も高い家を手に入れることができます。

築15年以上といっても、一般的にマンションの寿命は60年程度とされており、一説では100年以上と言われる場合もありますので、残りの耐用年数としては十分です。新築された時から15年や20年でこんなに価格が下がるのかと驚くような物件もあり、新築当時の価格や、同じエリアの同じくらいの広さの新築マンションの価格と比較してみると、そのお得感が実感できると思います。

中古マンションを探す上での「価格」の見極めは、新築とは異なります。中古住宅に詳しい不動産屋さんに相談するものいいと思いますが、その時は、**買ってからリノベーションすることが前提であることをしっかりと伝えてください**。このことの重要性は、最後のポイントのところで詳しくご説明します。

【ヌケ感】

構造もそうですが、立地や眺望など、リノベーションでは変えられない建物が持つ条件というものがあります。こういった立地や眺望などを実際に見に行って確認してから購入できるというのは、中古住宅の安心なところです。

現地に足を運んだ際にぜひチェックしていただきたいのが、「ヌケ感」です。この「ヌケ感」。言葉ではなかなか説明しづらいのですが、その場に立った時に感じられる見晴らしや開放感など、空間として広く抜けている感じがするかどうか、ということです。

例えば地図上で見ると、目の前に家が建っているため、眺望が良いとは思えなかった物件でも、実際に内見に行ってバルコニーに出てみると、周りの建物の高さや角度などで通りの端まで見渡せた、ということもあります。そういった場合、リノベーションでその「ヌケ感」を生かした間取りにすることもできますので、やはり現地を見に行くのはとても大切なことです。経験から、内見は最低5件行ってみることをお勧めしています。

内見に行くことのメリットは「自分の感覚をみつけることができる」こと。誰かが良いと決めたオススメ物件ではなく、自分が本当に良いと思える物件を判断するための自分だけの感覚。様々な条件の中から譲れないものに優先順位を付けておき、後は実際に見に行った時の直感で決める、というのが物件選びの失敗しないコツです。いざという時に直感が働く状態にしておくためにも、いくつか内見に行って自分の感覚を身につけておくことが大切です。

また、内見の際は建物の管理状態や、居住者の雰囲気もチェックしてみてください。これもリノベーションでは変えられないものです。気に入った物件が見つかった方は、両隣や上下階のお宅を訪問して「○○号室を買おうと思っているんですが、住み心地はいかがですか?」など、実際に住んでいる方の感想を聞いてみるのもお勧めです。中古住宅でないと購入前にこういった確認をすることはできませんので、ぜひ試してみてください。

【リフォーム前】

マンションはリフォーム前かリフォーム済みかで価格が大きく異なります。リフォーム済みやリノベーション済みのマンション価格には、改修にかかった費用（設計費や工事費など）が上乗せされています。業者が買い取ってからリフォームした場合、改修工事を行った業者の利益も加わることになります。なぜこういったことが行われるかというと、一般的に、古いままだと買い手が付きにくいからです。

不動産業者にも「古いままだと売れにくい」という固定観念があり、不動産屋さんに行って「リノベーションしたい」と伝えても、「内装が新しくなっている家に住みたい」と変換して解釈され、リフォーム済みの物件を紹介されることもあります。

中古マンションをリフォームしてから売る、という方法はとても一般的なのですが、自分で自由にリノベーションしたいという方には、リフォームされる前の手つかずの物件がお勧めです。リフォーム代金が上乗せされておらず適正な価格で購入することができますし、一般的にリフォーム済みの物件に比べて安価ですので、その分自分の好みに合わせてリノベーションする費用に回せます。

ただ、実際物件探しを始めてみると、このリフォーム前の物件に出会える確率はかなり低いのが実情です。今はまだ、主に中古市場で流通しているのはリフォーム済み・リノベーション済みの物件。リフォーム前の物件を見つけるにはコツが必要です。

そこで『リノベる。』が注目したのが、一般に流通していない「任意売却」や「競売」という特殊な物件です。こういった物件を専門に取り扱う不動産業者は、例えて言うと〝不動産業界の中古問屋〟のような存在です。『リノベる。』では、リノベーションを希望するお客様に最適な物件をご紹介するため、こういった専門業者の協力を得て、磨けば光る原石のような中古物件の情報を安心・安全にお届けしています。

『リノベる。』にいらっしゃるリノベーションを希望されるお客様に、今の中古住宅市場ではかなり貴重な「リフォーム前」の物件を紹介してくださっている、任意売却を専門に行う株式会社レフォルマの伊藤社長にお話を伺いました。

【対 談】

リノベーションにおける任意売却物件の活用

株式会社レフォルマ　代表取締役　伊藤光記
×
リノべる株式会社　代表取締役　山下智弘

山下　『リノべる。』のウェブサイトで初めて「任意売却」という言葉を知ったというお客様も多いので、まずは任意売却がどういったものなのかということを教えてもらえますか?

伊藤　簡単に言うと、住宅ローンが払えなくなってしまった人が、本来であればそのまま払わないでいると裁判所により競売にかけられてしまうのですが、そうなってしまう前に銀行の合意のもとにローンの残金と一緒に住宅を売却する、という方法です。例えば残債務が1000万円あります。今売ると500万円でしか売れません。そうなると本来であれば500万円を自分で持ち出して、銀行に返してからでないと売ることはできません。でもこの任意売却という方法を用いると、この500万円に関しては銀行と「後で相談しましょう」という状態で売りに出すことができるんです。こういった状態で売りものとして中古住宅市場に出てくるのが任意売却の物件です。

山下　なるほど。後から相談する５００万円というのはどのように処理されるんですか？

伊藤　ケースバイケースですが、月々５０００円ずつ返済する場合や、また、５００万円の債権が無担保なので、銀行が債権回収会社（サービサー）に転売する場合もあります。そうなると、住宅を売ることになった人は債権回収会社と、残り５００万円について弁護士や司法書士を介して返済額を交渉できるようになることもあります。

山下　家を売ることになった人と、弁護士・司法書士さんと、債権回収会社で行っていくということですね。

伊藤　そうです。レフォルマでは、任意売却に必要なことをワンストップで提供していて、こういった場合の弁護士さんのご紹介も行っています。

レフォルマ　伊藤氏（右）と
リノベる　山下（左）

山下　次に、中小企業金融円滑化法（２０１３年３月末が期限）とはどういう法律なのでしょうか？

伊藤　２００８年のリーマン・ショックの影響で不景気になったことを背景に、２００９年から施行されているもので、中小企業や住宅ローンを借りている人が金融機関に返済について期限の変更や軽減などを相談した場合に、できる限りそれに応じる努力をするよう定めている法律です。基本的に、銀行からお金を借りて返せなくなると、銀行は債権回収を行います。ローンの延滞が始まると通常３か月から半年で、「一括で返してください」と言ってきます。難しい言葉でいうと、「期限の利益の喪失」と言います。借金をするということは、返済までの時間を買うということです。例えば１００万円を借りて、それを10年で返しますという約束をする場合、10年の時間を買うわけです。それを期限の利益というのですが、その利益がなくなることを、「期限の利益の喪失」と言います。ローンの滞納が始まって3か月から半年で期限の利益がなくなるということです。そうするとお金を貸している銀行は「一括で返してください」という要求をしていました。ところが、この中小企業金融円滑化法によって、「返済を少し待つよう努めましょう」、ということになりました。銀行が1年2年待てば、借り手は返済ができるようになるかもしれないわけです。

山下　なるほど。ローンを滞納している債権者全員に一括返済を求めていたら、みんな困ってしまうと。

伊藤　つまり、不良債権処理を先延ばしにしているということですね。

山下　リーマン・ショックのすぐ後にできた法律ということは、ボーナス払いで住宅ローンを支払う計画をしていた人で、ボーナスが支給されなくなったために返済できなくなったというケースも多そうですね。２００８年10月のリーマン・ショック発生から約1年後の２００９年8月に施行されて以来、借金が塩漬けされている状態で、これだと国の体力が減っていくことにもなるわけですよね。

伊藤　もともと2年の予定が延長されて、２０１３年の3月が期限です。これ以上は延長しないと国も発表しています。

山下　では、２０１３年3月以降は任意売却物件が増えることになるのでしょうか？

伊藤　そうですね。今銀行は回収しにくい状態ですが、２０１３年3月以降は待ったなしで回収できるようになりますから。住宅ローンを延滞していて、法律でなんとか守られていたという方もたくさんいらっしゃるはずなので、そういう方には影響があると思います。ただ、前回は震災がかなり影響していて、これ以上は延長しないという前提での措置でした。法律の施行から3年経って、銀行も回収できるかできないかの判断をし、できないと判断した人に対してはすでに回収を始めており、今後も増えてくる兆しがあります。銀行ももう待てない状態なんですね。

山下　これは別な見方をすると、これから中古マンションを買ってリノベーションしようと思っている人にとってはチャンスなわけですよね。

伊藤　そうですね。ただ、これをチャンスと捉えられるのはプロ、もしくはセミプロくらいではないでしょうか。

山下　『リノベる。』のお客様のようにリノベーション前提で中古物件を探している方にとって、リフォーム前の状態で売りに出る任意売却の物件はかなり貴重な情報で、うちのウェブサイトでも人気を集めています。リフォーム前であること以外に、リノベーションしたいと思っている人にとってのメリットはどういったところなのでしょうか?

伊藤　大幅に安いというわけではないですが、価格のメリットはあると思います。任意売却の場合、売り主に負担する財力がないので、瑕疵担保責任が免責になります。その分若干ディスカウントがあったりします。でもこれは注意しないとデメリットにもなり得ます。

山下　瑕疵担保責任がないということは、購入後に物件の問題が発覚してもその責任を取ってくれる先がないということですからね。つまり、物件選びにおいて自分にかなりの知識があるか、誰か信頼できるパートナーと物件を選ぶということが大切になってきますね。

伊藤　そこは重要だと思います。その部分に関して『リノベる。』さんのお客様の反応は

山下　いかがですか?
問題を感じている方はあまりいらっしゃらないですね。中古物件とリノベーションに詳しいコーディネーターが物件の内見にも同行しますし、基本的に既存の内装はすべて取り払ってフルリノベーションしてしまうので、内装についての瑕疵が問題になることもありません。

伊藤　確かに、内装はすべて新品になるわけですからね。

山下　建物については修繕履歴や修繕計画などを購入前にチェックしています。でもこれはどの物件でも同じですね。
あとは、任意売却の場合、通常なかなか空きの出ない人気のマンションから売りの情報が出てくる可能性はあったりしますか?

伊藤　コントロールできるものではないですが、そういったこともあります。しかも一般に流通する前に。

山下　一般に流通する前に情報を得られる、というのは本当にいいですよね。

伊藤　任意売却物件の情報というのは、今まではプロの間だけでやりとりされていました。一般の人の目に触れることのなかった任意売却の情報が『リノベる。』さんに集まってきているというのはかなり画期的なことですね。お客様は今まで手に入れられていなかった物件情報を、自分の選択肢の中に入れられるということですから、これはかなりお得ですよね。

山下　そうなんです！これはどうしても実現したかったサービスなんです。

伊藤　今まで任意売却の物件はプロである業者が買って、リフォームをしてから売ってきました。できるだけ普通の物件に近づけて売ってきたといいますか。それが、『リノベる。』さんとタッグを組んだことで、今までにない新しい家の買い方を提供できるようになって、とてもうれしく思っています。

山下　ありがとうございます。私も同じ気持ちです。確かにレフォルマさんとのこの取り組みは、今までの「家を買う」という価値観ではなかなかフィットしなかったもので、それゆえに、伊藤さんが言われたように、業者はリフォームをしてそのまま買って住める状態にする必要がありました。でも、今『リノベる。』がご提案している「家をつくる」という価値観の中では、任意売却物件を既存内装、つまりリフォーム前の状態で買主に届けることには大いに価値があります。業者による簡易なリフォーム代といった無駄な費用がかかっていないこともそうですが、社会的な意味でも、本当に望まれる形で家をつくるほうが資源の合理的な利用ができるという意義があります。中小企業金融円滑化法の期限も迫るなか、これは日本にとって必要な仕組みだと思っています。

『リノべる。』のこだわり

ここまで、リノベーションを取り巻く市場やリノベーションを行うまでのステップ、リノベーションするための物件探しについてお話ししてきましたが、ここからはリノベーションそのものについて踏み込んでお話しします。

まず、私たち『リノべる。』のリノベーションには、大切にしている二つのこだわりがあります。

「間取り」と「素材」です。

間取りのこだわり

一つめの「間取りのこだわり」ですが、限られた空間の中で、お客様のライフスタイルを反映させた快適な空間をつくり出すことを一番大切にしています。どんな風に、どんな人たちと、どんな時間を過ごす場所なのか等、じっくりお話を伺い、時に一緒に考え、丁寧につくりあげています。

間取りについて、これからリノベーションをされる方にお伝えしておきたいことがあります。

これからご紹介するのは、本当に愛せる家をつくるためのポイントです。デザインは様々でも、間取りには暮らしの共通項のようなものがあります。一般に普及している情報や『リノべる。』で人気のあるタイプなども併せてご紹介しますので、ご自身のイメージしている空間と照らし合わせながら読んでみてください。

【ウォークインクローゼット】

みなさんは「収納」と聞いてどんなものを思い浮かべるでしょうか？　最近は壁一面の収納や見せる収納など様々な収納があります。

『リノべる。』では、お客様にウォークインクローゼットをお勧めしています。それは、ウォークインクローゼットは私たち日本人の感覚にとてもしっくりくる、と思っているからです。

古くから日本の住宅には蔵があり、普段使わないものは収納しておいて、必要な時に必要なものだけを取り出す、という習慣がありました。この感覚が今の私たちにも

収納を考える。

収納のポイント
＝
日本人独特の
蔵という考え方

※日本人はたくさんのモノを綺麗に
ならべるセンスに欠けた民族だといわれる。
一方、すっきりとした空間の中で
ポイントでモノを置くセンスは優れている。
例）床の間の掛け軸と一輪ざしの花

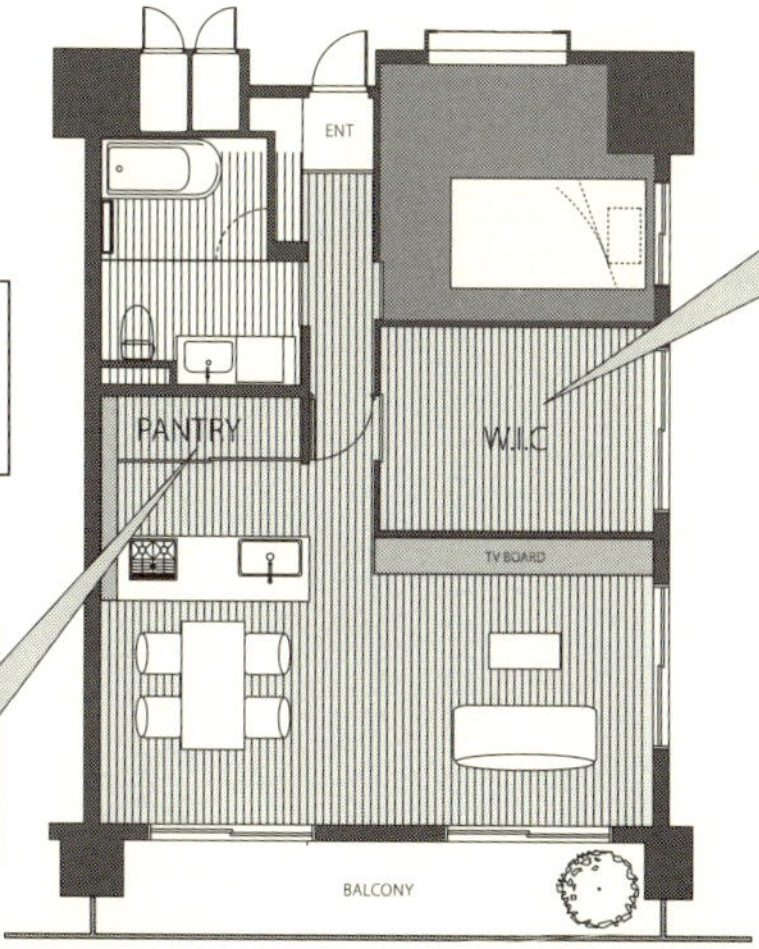

CheckPoint

普段使わないものは
まとめて収納！

- まとめて収納することで家にどれだけのモノがあるのか瞬時に把握できる。必要か必要でないかも一目了然！で片づけ上手に。また、大きな収納を設けて部屋の中にモノを置かないということで掃除も楽に。
- ウォークインクローゼットは急な来客時など、急な片づけが必要な時などに非常に便利。

CheckPoint

キッチン後ろの扉つきパントリーは冷蔵庫ごと収納

- 食器や調味料はもちろんのこと、冷蔵庫ごと見せたくないものを収納。もちろん、普段のお掃除もぐっと楽に。

ウォークインクローゼット

根付いているように思うのです。

蔵にしまってあるたくさんの物の中から、季節の行事に応じて必要なものを取り出して使ったり、飾ったりする。その時に必要のないたくさんの物は蔵に収納して、床の間にはかけ軸と一輪の花。これはとても日本的です。ヨーロッパの人たちの飾る収納とは違った、独特の美意識を感じます。

四季を大切にする日本人ならではの素晴らしい感覚ですので、私たちに深く根付いた感覚に沿った収納や飾り方を工夫すると、部屋がいつまでもキレイに保てるようになります。ウォークインクローゼットは、現代の蔵に相当する便利でフレキシブルな収納です。

設ける場所はお客様によって様々で、みなさん自由な使い方をされています。


【リビングダイニング】


リノベーションで間取り変更をする際、ほとんどの方が既存の間取りよりもリビングダイニングの空間を大きくすることを希望されます。こういったところにも、20~30年前と今の、家に対する考え方や家族構成が変わってきていることを感じます。

リビングダイニングは家族が集う場所。そして人を招く場所でもあります。みんなが気持ち良く過ごせる空間にするために気をつけたいポイント、それは光と風です。

LDを考える。

CheckPoint

LDは採光の取れる窓側に。

・家族みんなで一番長く過ごす場所は採光の取れる窓側に配置するのがベスト。

LDはあわせて12帖以上が一般的。

・あまり広すぎるLDは開放的な反面、デッドスペースも増えてしまうので要注意。

リビングとダイニングはスライドドアで区切れる工夫も。

・日々の生活や、将来のことも考えて、リビングとダイニングをスライドドアで区切れるようにしておくなどフレキシブルな設計を。

□ 築20年のマンションの間取り

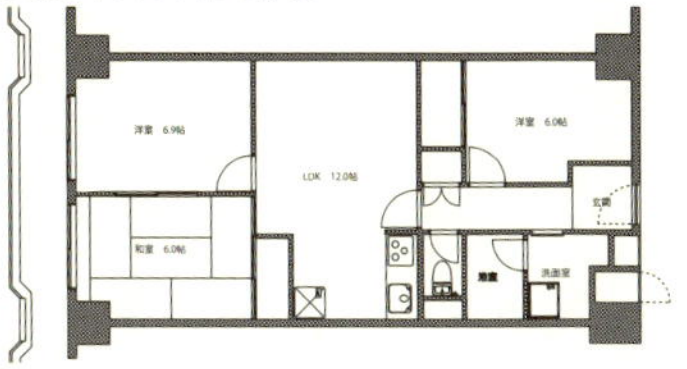

□Renovation

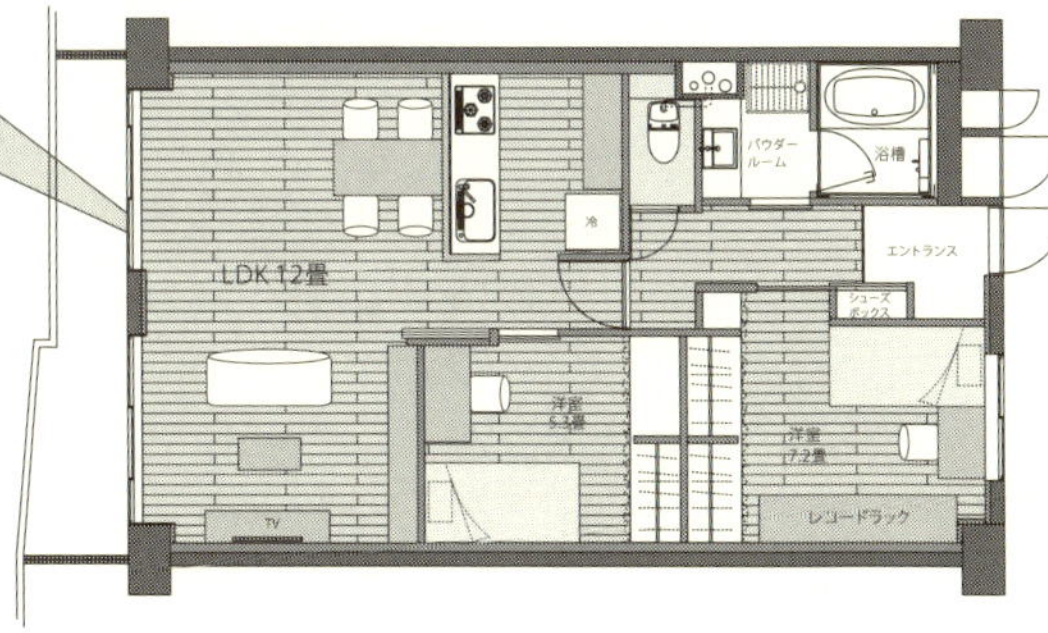

リビングダイニングは採光の取れる窓際に置くことで、明るい空間をつくれるだけでなく、新鮮な空気も入る快適な場所になります。また、窓があることにより、壁だけで囲まれた空間に比べ、広がりが感じられ、限られたスペースに開放感が生まれます。

　広い空間を希望する方の多いリビングダイニングですが、あまり広すぎるとデッドスペースができてしまい、もったいない使い方になる場合があります。今のライフスタイルを見直すことでもその空間に必要な寸法が見えてきますので、適正な広さはその空間でのご自身の行動を思い返してみるとつかめると思います。
また、大きなリビングをつくった場合の工夫としてお勧めしているのが、大空間を必要に応じて間仕切るスライドドアです。
広く使いたい時も仕切りたい時も簡単に変更ができ、リビングダイニングを多目的に使えるだけでなく、エアコンなどを使う際にも必要な空間だけを温度調整することで節電効果にもつながります。プラスαを準備しておくことで、部屋を柔軟に使い分ける工夫です。

【キッチン】

キッチンは住宅が建てられた年代によって大きく様変わりしてきた場所です。調理をする場所からコミュニケーションの場所へと変わってきたキッチン。調理と食事、そして収納についても触れながら、キッチンのいくつかのタイプをご紹介します。

壁付けキッチン

昔からある、いわゆる普通のキッチンです。団地などで多く採用されていたこのスタイルは、食卓から見て料理をする人が後ろ向きになってしまうため、調理をしている人と会話のしづらい配置です。

また、食卓からキッチンが丸見えで、調理後の汚れた状態が食事中に見えてしまうのも気になるところです。

一方で、できあがった食事を後ろを振り向くだけで食卓に並べることができますし、キッチン全体がコンパクトに収まるというメリットもあります。調理に集中できると

△壁付けキッチン

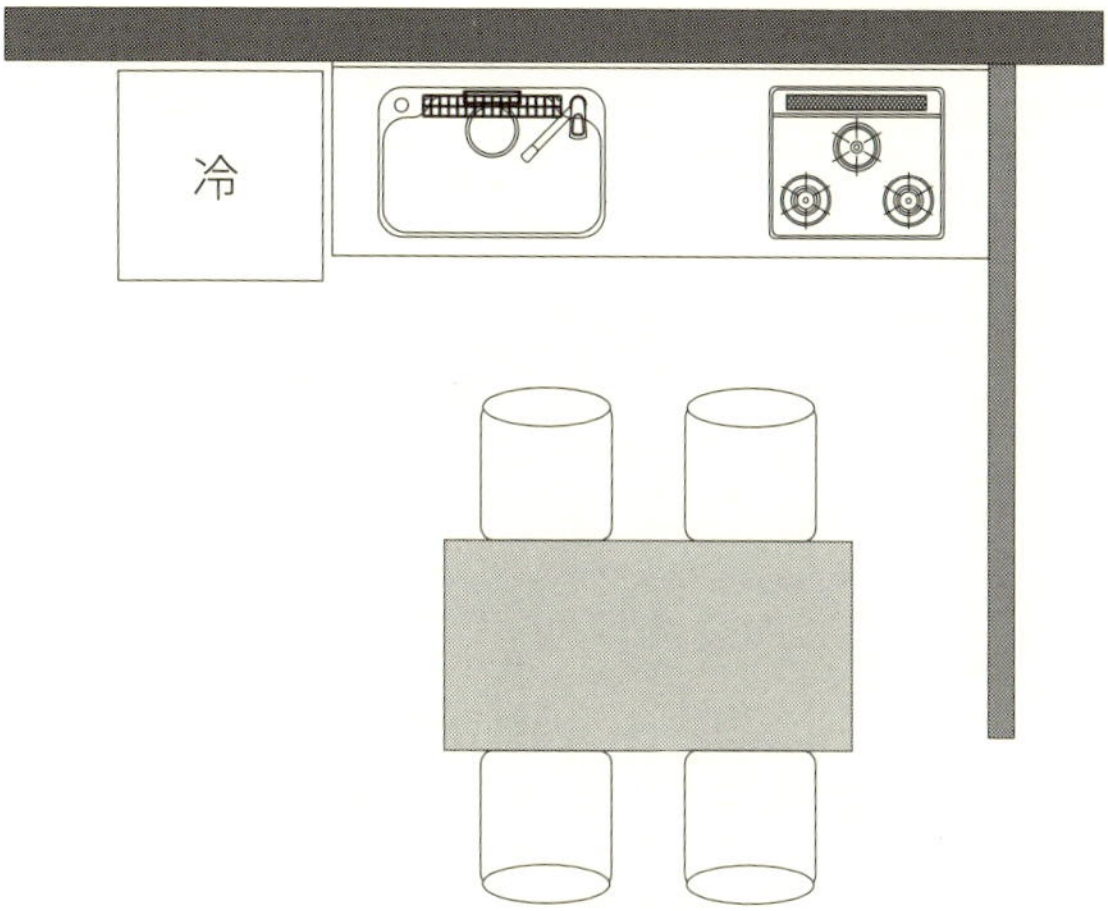

キッチンの収納扉の面がいつも見えている。
LD側を見ながら料理をすることが困難。

いう理由で好まれる方もいらっしゃいます。

クローズドキッチン

調理場としてダイニングとは別空間として独立したキッチンです。このタイプにした場合、キッチンが完全に独立しているため、調理をしている間はダイニングの家族と会話をすることが難しく、孤独な作業になりがちです。また、食事をテーブルに並べる時や食事後に流しに運ぶ時も手間がかかります。

このキッチンレイアウトには、調理後のキッチンの状態が食事中に視界に入らないという良い点があります。しかしながら、キッチンとダイニングの間に壁ができてしまいますので、LDKに開放感を持たせにくく、その点は工夫が必要です。

△クローズドキッチン

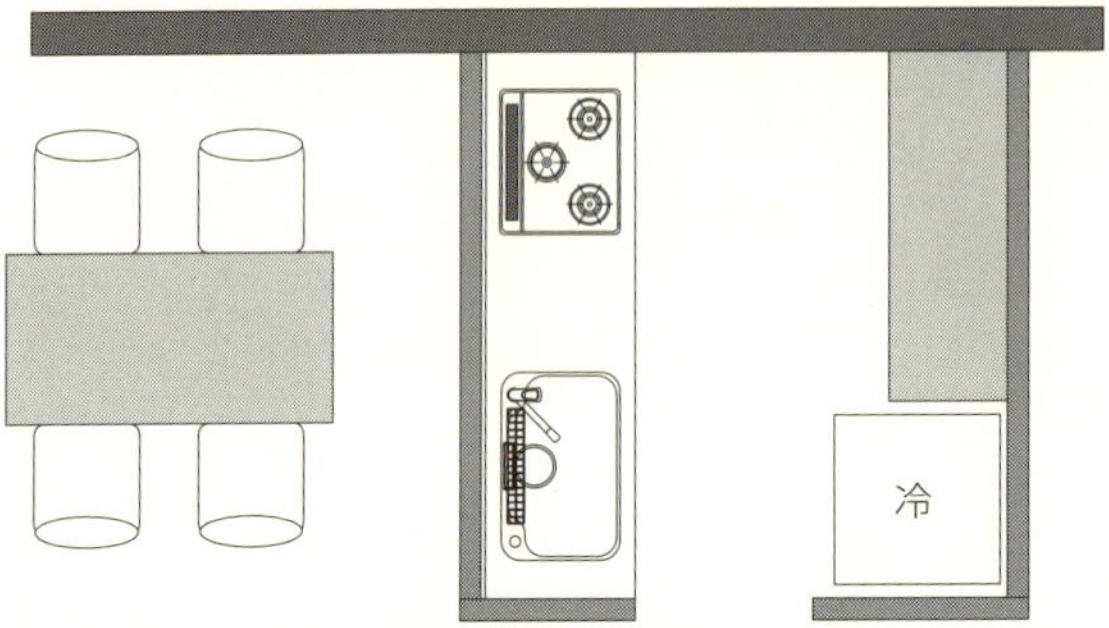

壁でキッチンが独立しているため料理や片づけの間、家族と会話することがなく、孤独な作業になってしまう。

対面式（オープン）キッチン

シンクや調理スペースをオープンにし、食卓と向き合い会話をすることができるキッチンです。先ほどのクローズドキッチンと違い、壁がないため空間に広がりがあり、ダイニングの家族と会話をしながら料理を楽しむことができます。また調理台の下の収納扉がダイニングから見えることもないため、見た目がとてもシンプルで清潔感が保てます。

○対面式（オープン）キッチン

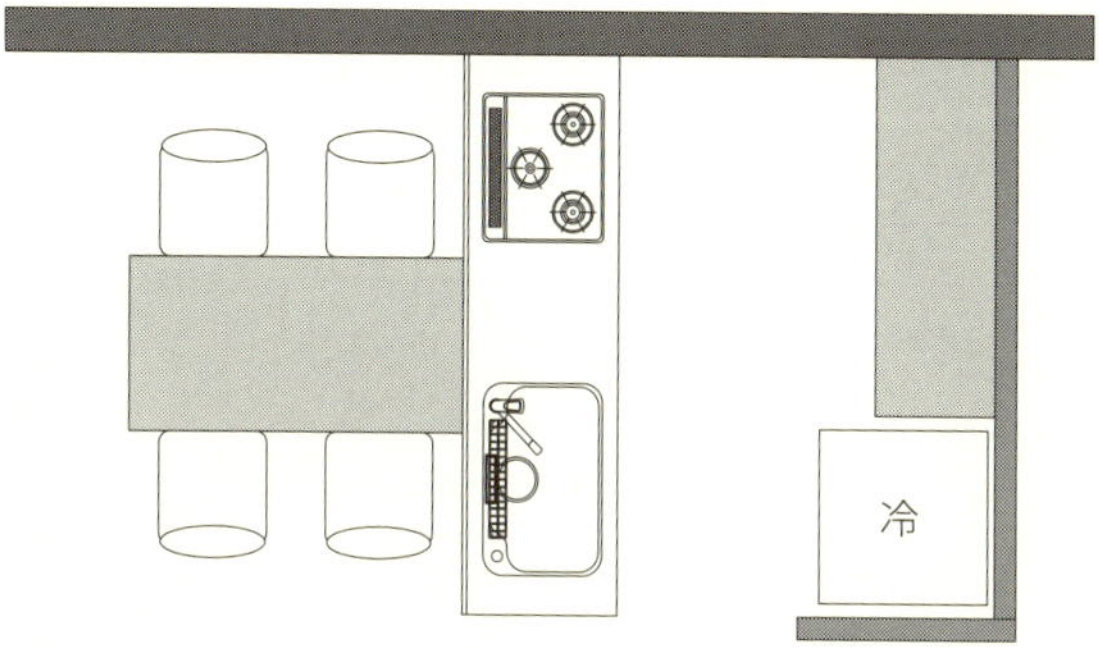

シンクや料理スペースがオープンになっているため、
家族と向き合い会話することができる。
スペースも無駄にしないカタチ。

スペースとしてはコンパクトで無駄のない配置になります。できあがった食事を食卓に並べる際も楽ですし、対面式オープンキッチンに変えてから、家族が料理や配膳、片づけを手伝ってくれるようになったというお客様もいらっしゃいます。子育て中のお母さんにも好まれるレイアウトです。

対面式のキッチン

アイランド（オープン）キッチン

アイランドキッチンは、調理台が完全に独立しているのが特徴です。キッチン、リビングダイニング空間の中に独立した調理台があると考えていただければ分かりやすいと思います。

リビングダイニングとキッチンの隔たりを完全になくすことで開放的な空間になりますが、対面式のオープンキッチンに比べ広いスペースが必要となるため、ＬＤＫ全体のバランスを考える必要があります。家族で料理を楽しみたい方や、ホームパーティーを開く方にもお勧めのタイプです。

以上がキッチンの主な４タイプです。キッチンは「食事」という毎日の生活に密接した家族の大切な時間を過ごす場所です。ライフスタイルや好みに合わせて、使い勝手や心地よさを確かめながら選んでください。

キッチンに関して、『リノベる。』がお勧めしているポイントが三つあります。

一つはキッチンからリビングダイニングが見渡せるレイアウト。

キッチンでの作業中に家族とコミュニケーションが取れることが一番のポイントです。調理台の上に吊り戸棚があるセミオープンタイプより、完全なオープンタイプのほうが、より「ヌケ感」のある開放的なスペースにすることができます。

二つめのポイントはパントリー。

○アイランド（オープン）キッチン

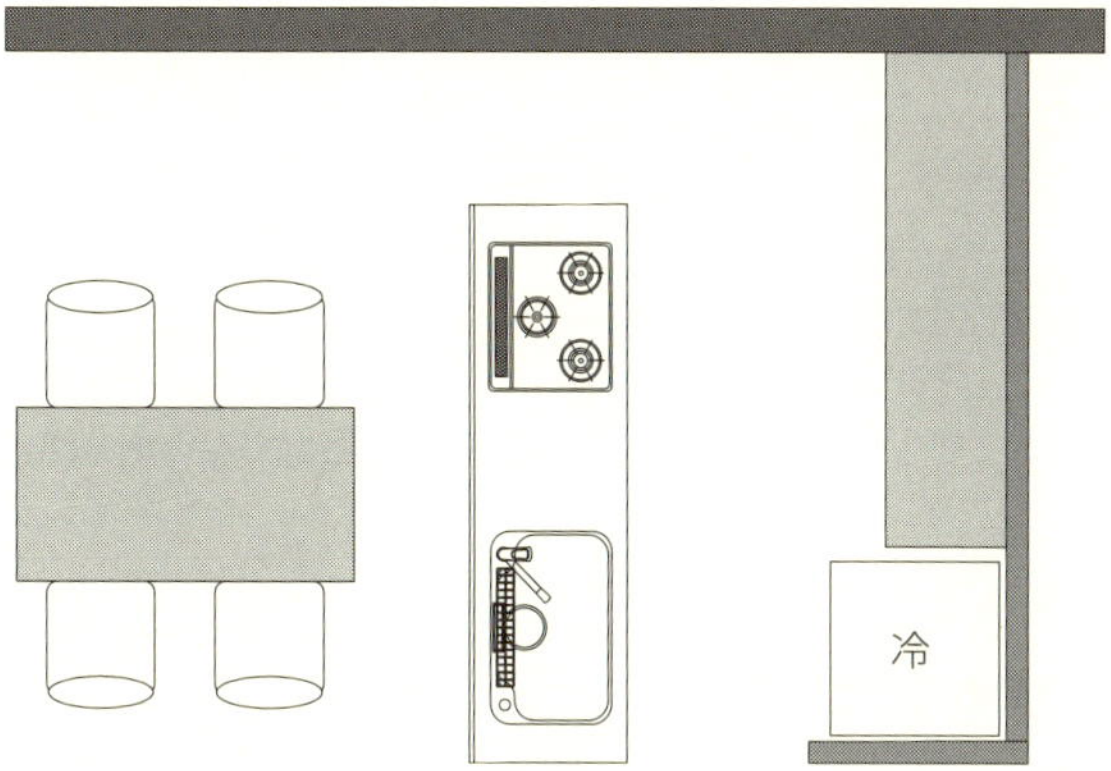

料理台が完全に独立しており開放的で、また家族で料理をする方にはオススメ。ただ、広いスペースが必要となる。

パントリーというのは、食料品や食器類を収納・貯蔵するスペースのことで、キッチン用のクローゼットと考えていただくと分かりやすいと思います。

パントリーは特に、家電や食器、調味料をすべて収納できるタイプが便利です。見せたくないものは隠して空間をすっきりさせておくと、来客時の準備も楽になりとても便利です。

三つめのポイントは、シンプル

歩いて入れるパントリーや
扉で隠せるパントリーは
とても便利なのでオススメ！

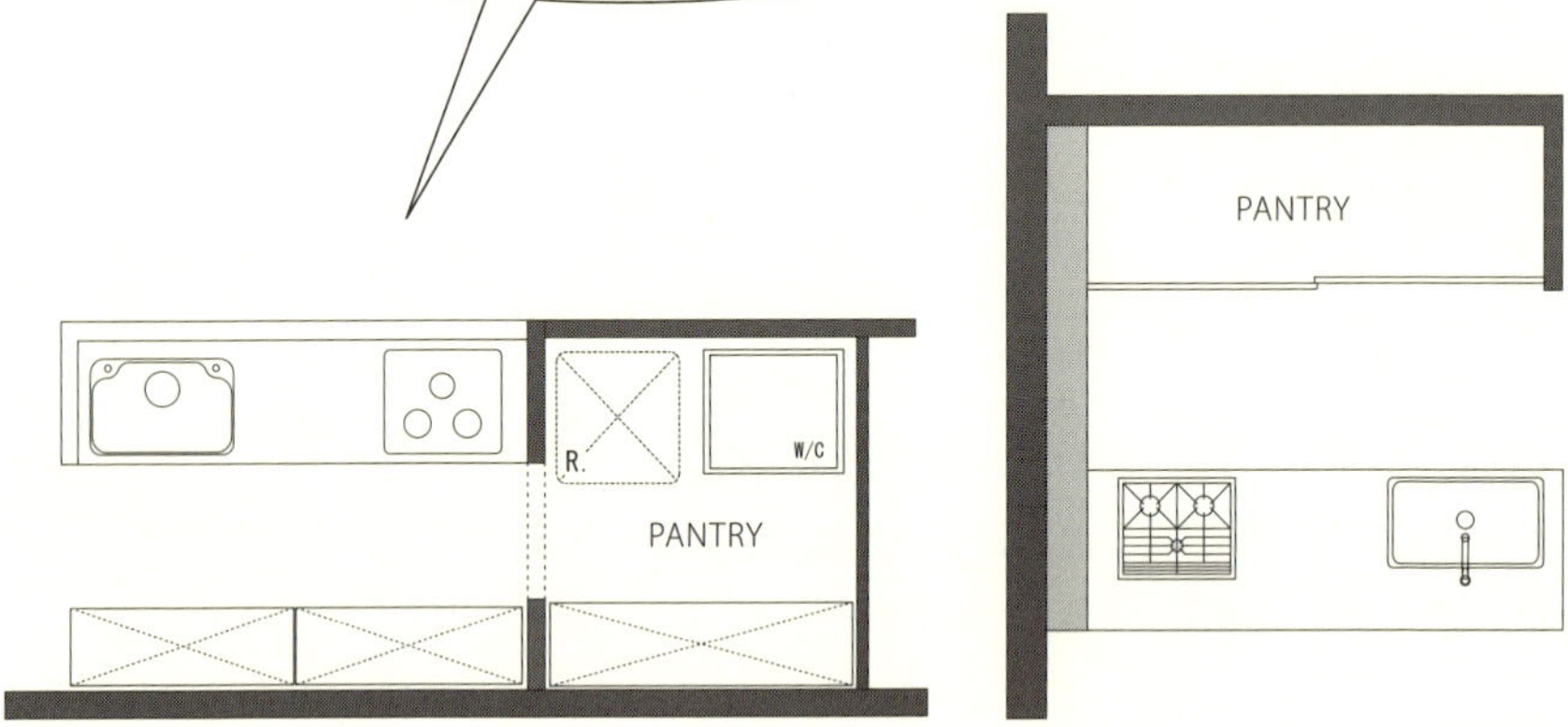

で清潔に保てる調理台。

いろんな機能が付いた最新のシステムキッチンは確かに魅力的ですが、実際に使ってみると、付属品の付いた扉や複雑な部品が汚れやすく、掃除に手間がかかるデザインのものもあります。毎日使い続けていくものだからこそ、楽に清潔に保てるシンプルなものをお勧めします。

【水まわり】

水まわりは、毎日使う場所だからこそこだわる方も多いスペースです。ご夫婦のお客様の場合、トイレと洗面は奥様のこだわり、お風呂はだんな様のこだわりが反映されることが多くなっています。

たっぷり収納できるパントリーはとても便利

バスルーム

バスルームには二つの施工方法があります。

一つはユニットバス。

ユニットバスといっても、浴室とトイレが一緒になっているものというわけではありません。ユニットバスというのは、工場でパネル化したプレファブリック製品を現

在来工法によるバスルーム

場で組み立てる方法で、新築や賃貸などでも広く使われている一般的なバスルームです。

壁、浴槽、天井などの仕上げ材は、メーカーが用意しているいくつかの選択肢の中から選びます。機能性や断熱性は非常に高く、冬なども快適に使用できます。汚れがつきにくいなどメンテナンスのしやすさもあります。また、ある程度型が決まっていることから価格も安く50万円程度から設置が可能です。

もう一つは在来工法といって、左官職人・大工・タイル職人などが入り、すべてそれぞれの現場に合わせて一からつくる方法です。

この方法の一番のメリットは、バスルームの形やサイズ、レイアウトなどを自由に設計できる点です。在来工法では、自分だけのオリジナルのバスルームをつくることが可能です。

最近では置き式のバスタブも人気で、海外の映画に出てくるような雰囲気のある浴室にされる方も増えてきています。

ただ、在来工法は断熱性が低いため、冬の寒さ対策を施す必要があります。これには浴室暖房を取り付ける、ひんやりしにくいタイルを使う、などの対策方法があります。

トイレ

日本製のトイレは世界一進化していると言われています。何を選んでも問題になることはほぼありません。

ただ、多機能なものほど故障のリスクが高くなり修理費もかかってしまいますので、必要な機能が備わっていれば最新型である必要はないと思います。デザインは好みによって好きなものを選ばれると良いと思いますが、何より掃除がしやすく清潔感を保ちやすいものがお勧めです。

洗面室

朝起きて最初に行く場所が洗面室という方も多いと思います。一日の活動をスタートさせる場所としてすっきりと気持ちのいい仕様にしたい部分です。

まずは洗面ボールですが、顔を洗う際に水が飛ぶことも考えて、あまり浅くて小さなものではなく、大きめのものにすると使いやすく掃除も楽です。

三面鏡を取り付けた洗面室

次に鏡ですが、三面鏡として使えるタイプがお勧めです。洗面室は何かと小さな物が多く、すべて並べておくと乱雑になりがちですので、三面鏡の後ろが収納になっているとさらに便利です。既製品から選ぶこともできますが、好みのサイズや形を伝えてオリジナルでつくることも可能です。

また、お気に入りのアンティークの鏡を取り付けるなど、自分らしい工夫をして楽しむのもいいと思います。

挑戦したいことはどんどん伝えて、一日を気持ち良くスタートできる場所にしてください。

バスルーム、トイレ、洗面室とお話ししてきましたが、水まわりに関してはビジュアル面だけでなく、掃除がしやすいか、清潔感が保てるかなどの実用性も大切です。汚れやすいところだからこそ、いつも清潔に保ちやすい仕様をポイントにしてみてください。

【子供部屋】

お子さんの人数や年齢によって、子供部屋の使い方は変わっていくものです。お子さんが増えたり、成長した時のことを考えて、変更できる間取りにしておくのもいい

子供部屋を考える。

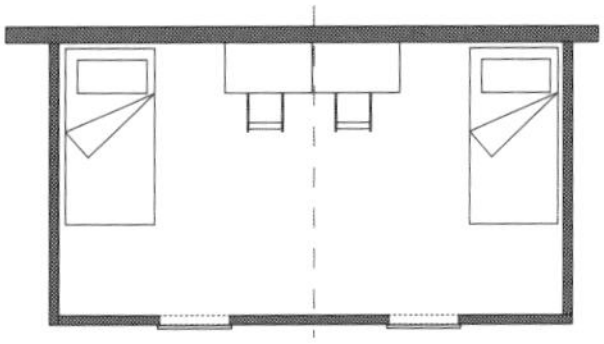

CheckPoint

子供部屋も将来のことを考えて。

・将来２つの部屋に分けて、独立させることのできる子供部屋。
　スライドドア用のレールを先行で設定しておくのも良し。
・壁の一面は子供部屋として明るく楽しくなるような色に。

子供部屋の壁塗りは楽しい思い出にも

と思います。

間取りを変更する方法の一つとして、部屋を間仕切るスライドドア用のレールを最初から設置しておくと後々の工事も簡単で、工事費も抑えることができます。

子供部屋のプランをする際に人気なのが、壁にきれいな色を取り入れることです。色は子供の性格に影響を与えると言われていますので、壁の一面だけでも明るく楽しくなるような色を付けてあげるといいと思います。壁の仕上げを塗装にしておけば、色の変更は簡単にＤＩＹで塗り直せますので、お子さんの成長に合わせて何年かに一度自分で色を塗り変えることもできますし、一緒に作業すると楽しい思い出になると思います。

【寝　室】

最近、一日の活動の中で寝る時間を大切に考える方が増えているようです。寝室はプライベートな空間として個人的な好みを表現しやすい場所です。

壁の色や照明など、ちょっとした工夫で自分だけのリラックスできる空間をつくることができますので、寝る前の時間の過ごし方などご自身のこだわりを設計者に伝えてみてください。

寝室に関するレイアウトとして、寝室の隣にウォークインクローゼットを設けることをお勧めしています。普段の着替えはもちろんのこと、ベッドカバーの移動などもスムーズになります。

『リノベる。』の間取りのこだわりについてご説明してきましたが、いかがでしたでしょうか？

まずは各部屋での理想的な時間の過ごし方を軸に、ご自身にとって必要な機能や広さなどを考えてみてください。間取りは

寝室を考える。

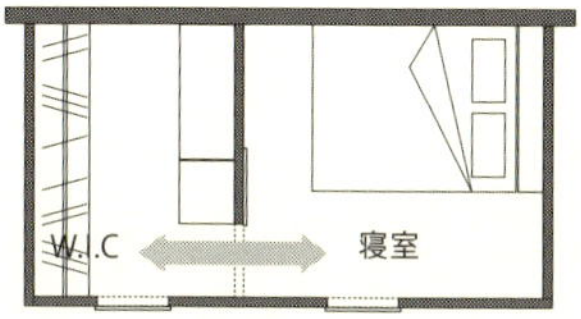

CheckPoint

寝室の隣のウォークインクローゼットはとても便利。

・寝室の隣にウォークインクローゼットがあるととても使いやすい。普段の着替えももちろんのこと、ベッドカバーなどの移動がスムーズになる。
・寝ることも生活においてはとても大切なこと。ちょっとした雰囲気作りを忘れてはいけない。

住む人のライフスタイルが表現された部分であり、また、ライフスタイルに影響を与える大切なところです。『リノベる。』が間取りを自由設計にしている理由もここにあります。ライフスタイルに寄り添う快適な空間づくり。ぜひ楽しみながら考えてみてください。

素材のこだわり

『リノベる。』がリノベーションをする上で大切にしているこだわりのもう一つが「素材」です。

空間が上質になるかどうかは、素材によって大きく異なり、飽きのこない、ずっと愛せる家をつくる上でとても重要です。

洋服などでもそうですが、いろいろ買ってもなぜかこれだけは長く着ている、というお気に入りが一つはあると思います。その服を思い浮かべてみると、流行にとらわれることなく長く着られるデザインであることに加えて、素材が上質であるものが多いのではないでしょうか？

長く着られるだけの素材の良さと着心地の良さ。『リノベる。』は長く愛着を持って着られる服のような家をつくりたいと思っています。

『リノベる。』のコンセプトは、「白い上質なシャツ」のような住まいづくりです。「白い上質なシャツ」は、何にでも合わせられるシンプルなつくりで、コーディネートするジャケットや帽子、時計やアクセサリーなどで全く違った雰囲気にすることができます。ベーシックなアイテムだけに素材の質が重要です。

『リノベる。』のリノベーションは上質なベースをつくること。そこに住む人が家具や雑貨などで自由に自分を表現でき、好みの変化やお子さんの成長、季節などによってもアレンジを加えられる基礎をつくりたいと思っています。これが『リノベる。』が素材にこだわる理由です。

ニシアワーとの取り組み

『リノベる。』のセミオーダーリノベーションのラインナップの中に、国産の間伐材を使ったヒノキやスギのフローリングがあります。『リノベる。』がこだわりを持ってセレクトしたとても思い入れのあるアイテムで、株式会社西粟倉・森の学校が運営する「ニシアワー」というブランドの商品です。

西粟倉・森の学校は、岡山県西粟倉村を拠点に、国産の間伐材の活用と「森とつながる生活」の提案を行っています。

ニシアワーのスタッフは地元出身というわけではなく、多くは東京・大阪など都市部で生活していた人たち。西粟倉の活動に惹かれて移住してきています。そんなスタッフの発想で生まれるイベントはかなりユニークで、西粟倉村で行う田舎体験や地域との交流ツアー、ヒノキの学習机づくり体験など、様々なイベントやワークショップが開催されています。

また、ニシアワーは、都会のマンションやオフィスでも気軽に取り入れられる国産の無垢材の商品の開発・販売なども行っています。

彼らの活動の中で、『リノべる。』が特に魅力を感じたのは、西粟倉村で育ったスギやヒノキの間伐材を、産地直送でユーザーに届けているところです。通常、建材が産地からユーザーに届くまでにはいくつも卸業者が入るなどして価格も高くなっています。ニシアワーは産地とユーザーを直接的につなぐことで、日本の林業の問題に独自のソリューションを提供しています。

ニシアワーは、自社の商品をできる限りダイレクトにお客様に届けられるルートを開拓していっており、『リノべる。』は中古マンションをできる限りダイレクトに売主から買主に届けるシステムをつくっています。

『リノべる。』は、リノベーションのラインナップにニシアワーのアイテムを加えて提供することで、お客様はそのアイテムを選ぶことで、自然とニシアワーの森をきれいにする活動に協力することができます。

長く愛せる上質な住まいをつくるための素材として、『リノべる。』はニシアワーの志のある商品をセレクトしました。今後共同でオリジナル商品の開発も行っていく予定です。

また、西粟倉・森の学校の本社（西粟倉村の廃校になった小学校の校舎を利用しています）には、『リノべる。』ショールームがあります。ニシアワーの間伐材をふんだんに使ったデザインで、『リノべる。』の他エリアのショールームとはかなり異なる雰囲気になっています。

フローリングなどで無垢材を使用した場合、その空間は、使用している木が育った国の雰囲気になると言われています。北欧で育ったナラ材のフローリングにすると北欧風の雰囲気に、ヒノキや杉を使用すると日本風の雰囲気になります。国産のスギやヒノキを使用した西粟倉のショールーム。みなさんにもぜひ一度、その空気感や木の香りを体感していただきたいと思っています。

本物の価値を提供したいという想いで『リノべる。』がこだわって選んでいる素材。工事の方法などにも触れながら、ひとつずつご説明していきたいと思います。

【天 井】

通常、マンションの部屋の天井を小突くと、コンコンと軽い音が聞こえてくると思います。それは石膏ボードというもので、コンクリートの躯体部分から少し離して貼ることによって天井をつくっています。この天井を取り払うと、むき出しのコンクリートが出てきます。通常石膏ボードとコンクリートの間に照明器具や火災報知機、スプリンクラーや配線、配管が埋め込まれています。

リノベーションをされる方の中には、天井に石膏ボードを貼らず、むき出し（スケルトン）の状態にすることを好まれる方が多くいらっしゃいます。理由の一つは、コンクリートの部分まで天井の高さを上げることができ、空間をより広く感じさせることができること。コンクリート部分から離してボードを貼る天井をつくる場合、照明器具や配線、配管などのスペースの分、どうしても天井の高さは少し低くなります。またボードの下地の代金の分、工事費が高くなる場合もあります。

スケルトン天井

スケルトンの天井が好まれるもう一つの理由は、デザイン性です。スケルトンの天井には独特の雰囲気があり、塗装によってイメー

ボード天井

ジを変えることもできるため、自分らしい部屋の演出をすることができます。カフェのような雰囲気にしたいということでスケルトンの天井にされる方もいます。

ただ、天井をスケルトンにする際の注意点もあります。上階の音が聞こえやすくなるということと、躯体がむき出しの分だけ外気の影響を受けやすく室温を一定に保ちにくいということです。

一方、石膏ボードで天井をつくる場合、下地の内側に配線などを隠せるため、天井をフラットに見せることができ空間全体をすっきりとさせることができます。コンクリートの天井と石膏ボードの間の空間によってある程度防音され、上階の生活音も聞こえにくくなっています。

どちらかだけが良いというものではありませんので、メリットとデメリット、両方を知った上でお好みのほうを選んでください。

【壁】

日本の住宅の壁には、「クロス」と呼ばれる表層材が多く使用されています。ビニールクロスや布クロスなどいくつかの種類があり仕上がりの質感は様々です。賃貸マンションでは、一般的にビニールクロスが使用されています。その一番のメリットは価格が安いこと。もともと安価に一般に普及しており、賃貸マンションや新築マンションは基本的にすべて同じ仕様でつくられるため、業者が仕入れる際も大量に発注することでより安く仕入れることができます。需要の高いクロスはいろいろな機能を持った製品が開発されており、防カビや防水、湿度を調整してくれるものなど、ニーズに合わせて選べるメリットがあります。またビニールクロスの場合、汚れても雑巾などで拭き掃除ができメンテナンスも楽です。

壁の仕上げの代表的な方法にはクロスのほかに、塗装があります。塗料の種類もいくつかありますが、『リノべる。』では体に害の少ない水性塗料をお勧めしています。塗装仕上げにするメリットは、何といっても色を選べること。

塗料の色は調色をして作るため、無限といってもいいほどに選択の幅が広がります。クロスの場合、既製品の中から選ばざるを得ませんが、塗装の場合、世界でたった一つの自分だけの色を作りだすことも可能です。壁は部屋の中でも大きな面積を占めるため、部屋の一面に色を取り入れるだけでも一気に雰囲気が変わりますし、色は人の心理にも影響するため、部屋の用途によって色を変えることで各部屋で気分を切り換えたい場合も有効です。

塗装仕上げは、初期の工事費がクロスに比べ1・5倍程度かかること、下地ボードの継ぎ目の部分にヒビが入りやすいことがデメリットとして挙げられます。

ですが、下地を交換することなく何度でも上から塗り直すことができるため、汚れた場合のメンテナンスとして、気分転換として気軽に塗り替えを行うことができます。

それに比べクロスの場合、ちょっとした部分汚れでも、全貼り替えをしなければならないこともあります。またクロスの寿命は大体10年と言われており、塗装に比べて初期投資は低く設定できるのですが、2回目の貼り替えの際は下地ボードも含めて新しくしたほうが良いため、貼り替えのコストは高くなり、張り替えを視野に入れていくと、最終的には塗装のほうが経済的にもメリットが大きくなります。

【フローリング】

天井や壁と同じように、部屋の中で大きな面を占める床は部屋の印象を左右する重要なパーツです。また、直接肌に触れることも多い床材は、見た目だけでなく感触にもこだわりを持って選びたいアイテムです。

床素材といっても、様々な製品がありますが、ここではフローリング材に絞ってお

それを解決したのが『リノベる。』です！

無垢材のフローリング

話します。

一般的にフローリングと呼ばれているものには、大きく分けて2種類あります。合板フローリングと無垢材のフローリングです。

まずは合板フローリング。これは一般的に多く使われている床材です。この合板フローリングの多くは、大手メーカーの製品が主流で、大量生産されているため価格は比較的リーズナブル。

無垢フローリングと複合フローリング断面比較

無垢フローリング

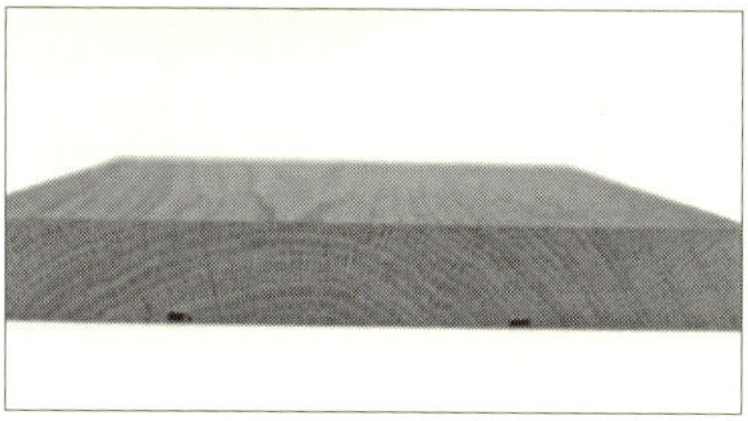

1本の木から切り取った無垢材フローリングです。

複合フローリング

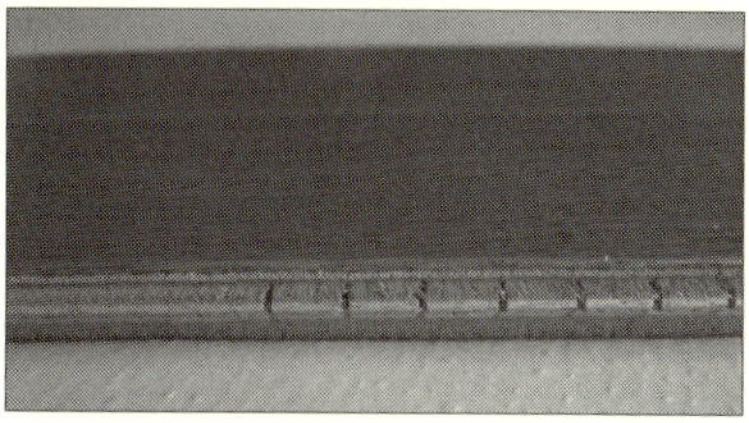

合板に突き板（木をスライスした0.3〜1.5ミリの薄板）または挽き板（のこぎりで薄く挽いた3〜5ミリの薄板）を貼りあわせたフローリングです。

合板というのは加工された板のこと。温度・湿度の変化にとても強く、形も狂いません（湿気や乾燥で木が変形することを「狂う」といいます）。

無垢の木は想像以上に温度や湿度に反応して形が変わりやすく、施工の際は扱いに注意が必要です。その点、合板フローリングはしっかりと加工してあるため、ほとんど狂いもありません。平らにきれいに整えられ、表面がコーティングしてあるため、耐水性があり水拭きなどの掃除も可能です。

しかし合板フローリングの表面は天然木の薄板のため、傷が付くと合板の中身が出てきてしまうことがあるなどの耐久面の弱さがあります。寿命は一般的には15年から20年と言われています。

無垢材フローリングは、木の単層板で

つくられているため、使えば使うほど味がでてくる寿命の長い素材です。無垢材は天然の木そのもののため、温度や湿度によって反りやスキなどの狂いが出ます。また、水に弱いため水拭き掃除には向きません。

金額面を比較すると、合板フローリングに比べ無垢材フローリングは1・5倍ほど初期費用は高くなります。どちらも一長一短ありますが、長く、心地良く暮らせる空間をつくるという意味で『リノベる。』では無垢フローリングをお勧めしています。

【照　明】

照明は空間の演出に大きな役割を担っています。光の色や強弱、照らすポイントなどによって、全く違った印象の空間に演出できます。どういった目的で使用される部屋なのか、それぞれの部屋の用途に合わせて照明計画をされると良いと思います。

例えば、リビングは家族やゲストが集まる広がりを感じさせたい場所。そんなリビングでは天井をコンクリートむき出しのスケルトンにし、ダクトレールに取り付けるスポットライトがお勧めです。スケルトンの天井に直接照明器具を取り付けることで、天井高の高い空間を保つことができますし、ダクトレールは工事後でも簡単に照明の数を増やしたり減らしたりすることができます。また角度調節も簡単ですので、模様替えの多い部屋は、特に相性が良いと思います。

また、調光といって光の強弱をボタン操作で変えられる器具もあります。
『リノベる。』では、ベッドルームには天井をボード貼りにして埋め込むダウンライトをお勧めしています。ベッドルームはプライベートな空間ですので、リビングに比べ天井の高さはさほど気になりませんし、ボード貼りにすることで、見た目がすっきりするという利点もあります。

ダクトレールに取り付けたスポットライト

埋め込み式のダウンライト

枕の真上に照明を取り付けると、寝た時に直接光が目に飛び込んでくるため、この部分への照明の取りつけは避け、足元のほうに付けるようにしましょう。

また、天井の照明の数は少なめにし、スタンドライトやフロアランプなどの間接照明でお好みの明るさに調節するのもお勧めの方法です。寝る前は灯りを目線より下にしておくと寝つきが良くなると言われています。

新築やリフォーム・リノベーション済みで売り出されている物件の場合、あらゆる人の好みに合うように必要以上に照明器具が取り付けられていますが、自分に合わせてリノベーションを行う場合、必要な箇所に必要な分だけ取り付ける設計をすることができます。

部屋の用途によって、器具の種類や取り付け位置、光の強弱を変えることで空間を様々に演出してくれる照明。気分を換えるにも有効なアイテムですので、それぞれの部屋での過ごし方に合わせて計画してみてください。

第4章

知って得する！ 賢いリノベーション！

中古を買う意味

海外の人々が年収は同じくらいなのに豊かな生活をおくれる理由？

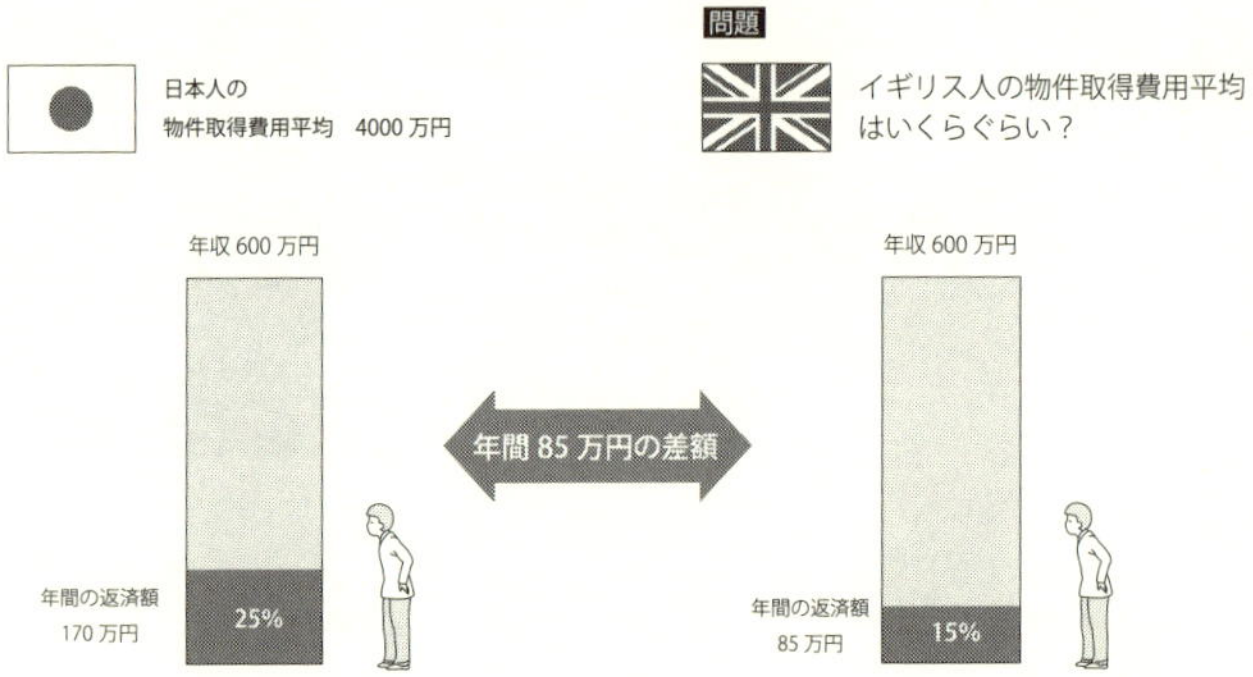

中古で海外旅行に行ける⁉

まずは図を見てみましょう。

この図はイギリスと日本の、住宅にかけるお金の違いを図にしたものです。年収はさほど変わらないにもかかわらず、日本人は住宅にかける費用の割合がかなり高いのがお分かりいただけると思います。

実際年収が同じ600万円であっても、日本とイギリスの年間の住宅ローンの差額は85万円と大きく、これが毎年積み重なるとかなりの違いが生じることになります。

なぜここまでの差が生まれているのでしょう

か？　それは今まで、日本では住宅購入といえば新築が主流で、イギリスでは中古を選ぶ人の割合が多く、住宅購入費そのものが大きく異なるためです。住宅の価格が低くなれば住宅ローンの返済に占める利息の割合も低くなります。

仮に毎年85万円というお金が浮いたとしたら何に使いますか？　85万円あれば、家族で旅行を楽しむこともできますし、スポーツジムに通ったり、好きな洋服を買って食事にでかけることもできるでしょう。

しかもそれが1年限りのことではなく毎年続いていくとしたら、家計も楽になる上、趣味や娯楽にお金を使うことで心に余裕が生まれ、人生全体が豊かになっていくはずです。

「住宅購入＝新築」から中古を選択肢に入れることで、長期的に家計に余裕をもたらすことができます。中古購入の意味は思いのほか深いのです。

資産という視点から

ここでは、資産価値という少し違った視点からリノベーションを考えてみましょう。賃貸住宅に住み続けることと、住宅を購入すること、その一番大きな違いは資産になるかどうかということです。資産とは価値ある持ち物のこと。自分のものになるかどうかが一番の違いです。せっかく住宅を購入するからには価値ある買い物をしたいと思うのは当然のこと。では、購入したマンションが自分の資産になることを考えた時、「中古＋リノベーション」は他の新築や中古、賃貸に比べてどうなのでしょうか？

例えば、賃貸マンションを借り続けたとして、家賃12万円のマンションに60年間毎月12万円ずつ払っていくとします。当然、家賃を払い続けても自分のものにはなりません。よって資産はゼロということになります。持ち家でない分、面倒が少なく楽ではありますが、60年に渡り毎月12万円ずつ払い続けるということは、単純に計算するとレンタル代として８６４０万円支払うことになります。

家を購入した場合、60年間払い続けるということはまずありませんし、自分の持ち物になるため、担保として活用することもできます。

しかし一概に家の購入といっても、新築と中古では大きく異なります。その違いは買った直後から表れます。

新築マンションは買った瞬間に資産価値が2割ほど下がり、その後も急速に下がり続けます。新築物件は、ディベロッパーやゼネコンが最初から分譲価格に2割程度を上乗せしているからです。仮に４０００万円の新築物件だとしたら、実質建物の価値は３２００万円からスタートします。そして玄関の扉を開け、家具を入れ始めた時点で、新築で買った物件は中古として扱われてしまうのです。

景気によって上下する土地の値段と違って、建物そのものは〝値冷え〟していき、「ヴィンテージマンション」と呼ばれる物件でない限り、15年もすると建物の価値は半分になってしまいます。

一方、中古マンションの場合ですが、築15年のものを４０００万円で購入したとしましょう。この物件は15年かけて値下がりしているため、買った瞬間に値が落ちる心配はありません。そして、ディベロッパーやゼネコンが上乗せした分はすでに落ちているため、純粋に景気によって上下する土地の値段を除けば、建物の劣化による値下がりのみでゆっくりと落ちていきます。

こうしてみると、資産面から考える限り、買った途端に急激に値冷えする新築マンションより、中古マンションのほうがお得です。

ただ、中古マンションをそのまま購入しようと思うと、内装は必ず経年劣化しています。築30年のマンションは30年前の、築20年のマンションは20年前の生活スタイル

賃貸マンションorマンション購入?60年住んだらどうなる?

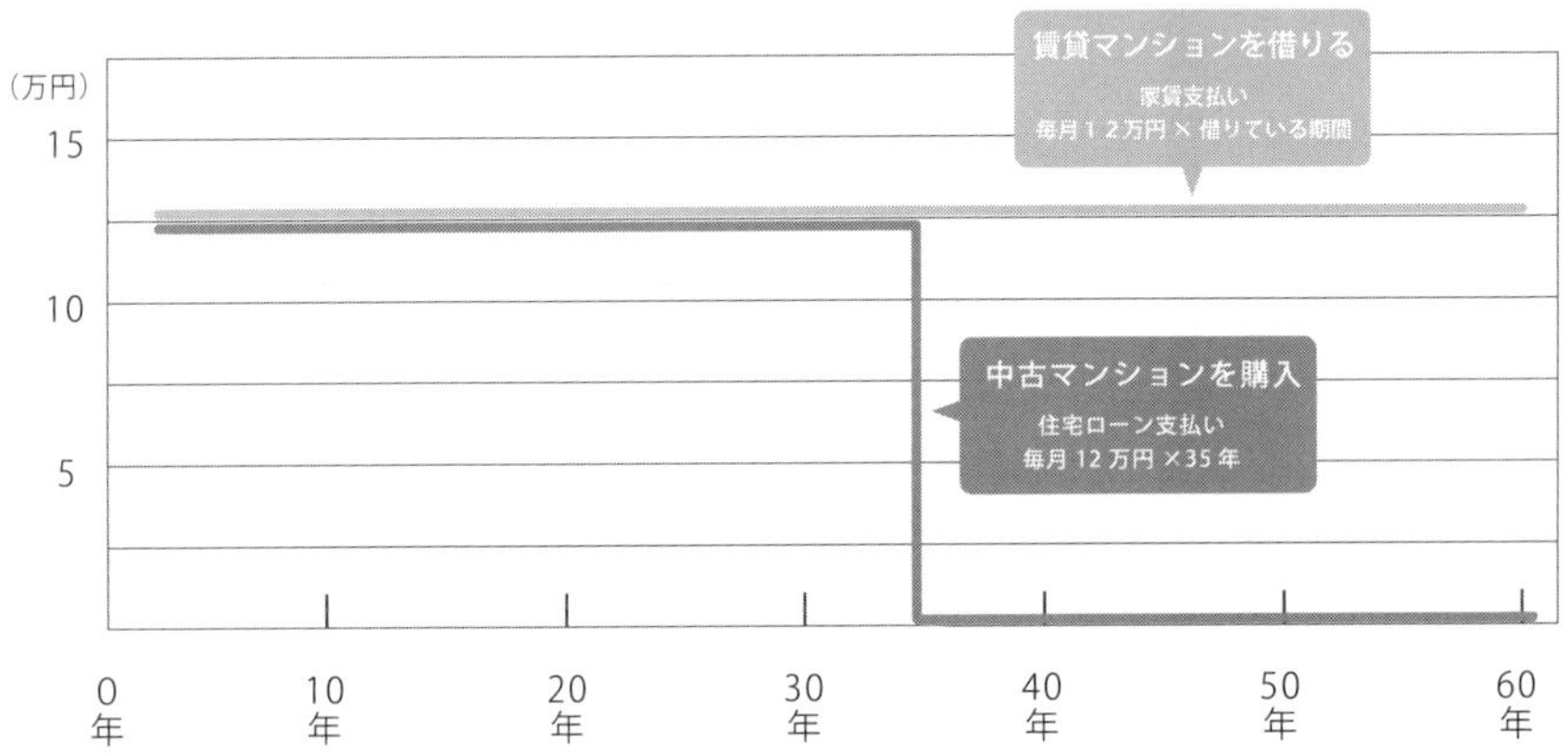

に合わせた間取りになっており、設備や配線、配管などのインフラも同様に劣化しています。自分の生活にダイレクトに影響する内装を、インフラも含め自由に自分らしく生活できるよう再生するのがリノベーションです。

資産価値の目減りが少ないうえ、自分らしく暮らすことができる。これが今、新築を購入できる十分な収入のある人たちにも「中古+リノベ」の人気が出てきている理由です。「中古+リノベ」は**賢い家の買い方**として支持されています。

新築マンションor中古マンション？購入した後の資産の目減り

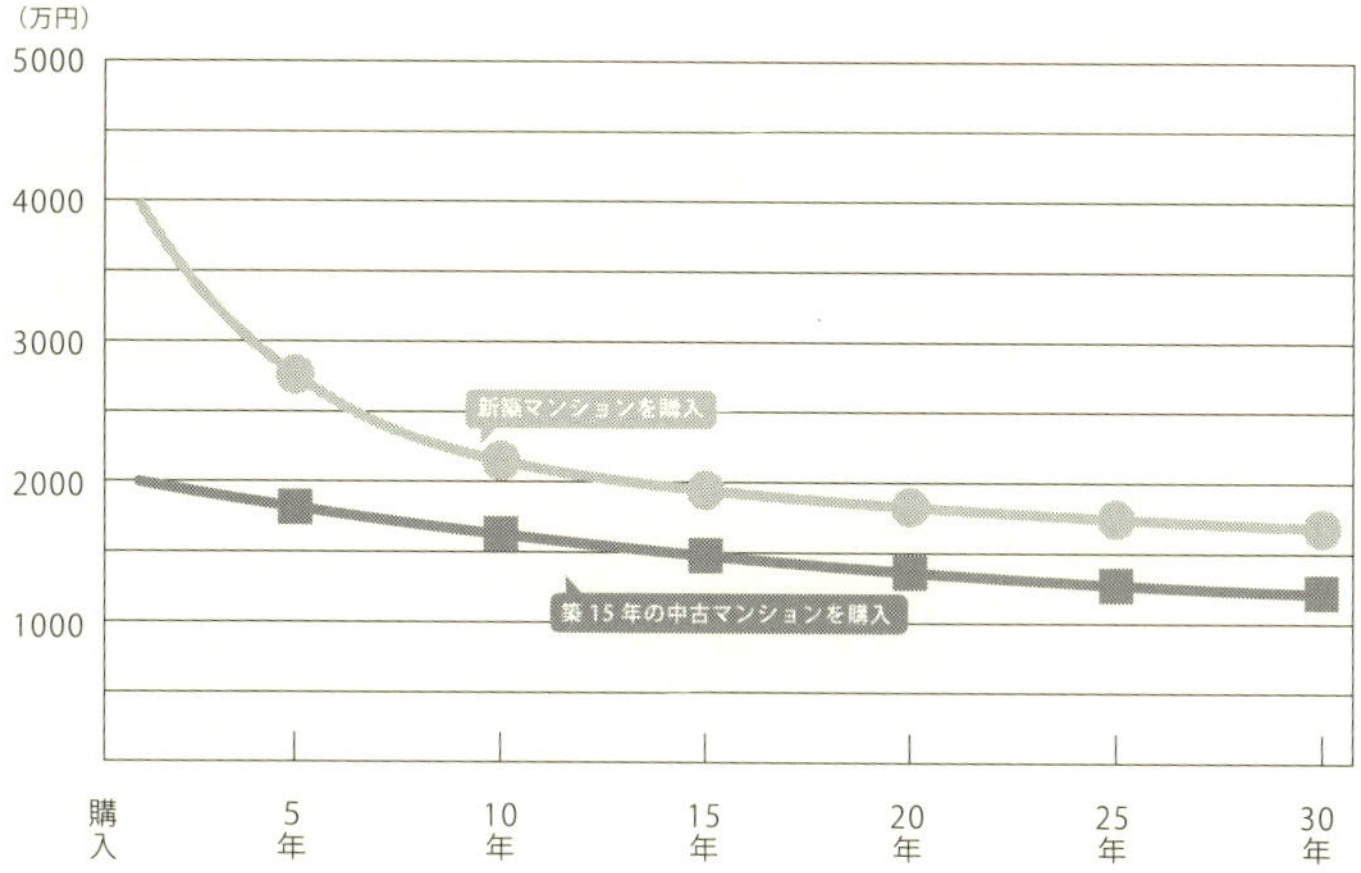

【コラム】

FPから見た「中古マンション＋リノベーション」の実際

寿FPコンサルティング株式会社
代表取締役　高橋成壽（ファイナンシャルプランナー）

新品と中古品

新品と中古品、どちらを選びますか？　と聞かれたら、新品を選ぶ方が多いのではないでしょうか？　でも、住宅購入は違います、あえて中古住宅を選ぶ方が増えているんです。一昔前には、賃貸と新築購入を比べて、どちらも一長一短あるものの、金額的には同様であるとの説が流行しました。不動産会社が新築物件を売るために、そのように説明することが多かったように思います。最近では一歩進んで、選択肢の一つに中古住宅を含める方が増加中です。新築住宅と中古住宅、どちらを選びますか？　と聞かれて、中古住宅を選ぶ人が増えているのはなぜでしょう？

一番大きな点は、中古なのでリーズナブルな価格で購入できるという理由です。一般的に中古住宅は新築より物件価格が低くなります。同じ広さ、同じ間取りの物件を新築と中古で価格を比較すると、中古のほうが安くなります。単純に価格が安いほうが得ということです。物件価格が安いということは、住宅ローンの借入金額も少なくて済むということでもあります。住宅ローンの借入金額が安くて済めば、毎月のローン返済金額も少なくて済むということです。

マンションだと築15年くらいで新築の価格の半分くらいに値段が下がると言われていますので、新築価格の５割くらいの価格で中古マンションが買えるわけです（実際はエリアにより異なりますが、不動産業界の一般論です）。築15年といっても外観はきれいな物件が多くあります。ぱっと見たところ新築と変わらないかもしれません。ということは、見た目は新築と同等で価格はお得。そんな買い方を実現できるのが、中古マンションと言えそうです。

日本の住宅は20年後に資産価値がなくなると言われていますが、それは戸建て住宅の話です。マンションは建築から60年は持ちますし、金融機関もそれを前提に融資をします。また性能的には、１００年以上持つとも言われていますし、築15年であってもその後何十年も住むことができます。ずっと住み続けないとしても、貸すことができますし、その場合には家賃収入が入ってくることになります（ただし、貸して家賃収入を得る場合は確定申告が必要です）。

住宅金融支援機構発表の平成22年度の統計によると、マンション購入における全国平均価格は３７７２万円、購入者の平均年収は７５０万円とあります。年収に対する物件価格の割合を年収倍率と表現しますが、年収倍率は5倍を超えます。特に首都圏では物件価格が高いため、年収倍率は５・５倍くらいに上昇します。ということは、皆さんの年収を５倍した数字が、物件価格の目安になるとも言えそうです。年収４００万円の方は物件価格２０００万円、年収５００万円の方は物件価格２５００万円、年収６００万円の方は物件価格３０００万円が一つの目安となります。

一方で、金融機関の融資審査においては、返済比率という基準があります。「ヘンピ」などと略して呼ばれていますので、あなたも不動産会社や銀行との何気ない会話の中でヘンピなんて言ってみれば、一目おかれること間違いありません。一目おかれるということは、勉強しているお客さんとして真摯に対応してもらえる可能性が格段に上がるということでもあります。

この返済比率ですが、一般的に年収の30％程度のローン返済に収まるようであれば、ローンが組みやすいようです。住宅金融支援機構のフラット35では、年収によって返済比率の基準が変わりますが、年収の30％ということは、手取りの40％相当になりますので、返済比率を低くするということが、住宅ローンを上手に返す鉄則と言えます。返済比率が

35％では手取りの45％相当が住宅ローン返済に充てられますので、住宅ローンを払うために仕事をして、住宅ローンを払うために生きているような状態になってしまいます。よく住居費は収入の30％を目安に、と言われていますが、この返済比率に関しても同様でしょう。

返済比率が高い場合、出産育児に伴う配偶者の休職や、景気の影響を受けてボーナスのカット、残業時間のカットなどにより収入が減少すると、途端にローンの支払いが厳しくなります。ですから、年収ベースでは返済比率を20～25％程度に収めたほうが、ローン返済の金額が少なくなり、収入が減少したとしても慌てずにすみます。つまり返済比率を低くすることで、金銭的に余裕が出るため、平素であれば生活を圧迫せず趣味や旅行等、自由に使える金額が多くなるのです。

具体的に年収４００万円の方の場合、返済比率25％だとすると年間のローン返済額が１００万円になります。毎月８・５万円のローン返済です。これに管理費と修繕積立金の積み立てが合計で２・５万円だとすると、合計で毎月11万円の支払いになります。これですと、家賃と変わらないか少し高くなるかもしれませんね。ちなみに、毎月８・５万円のローン返済の場合、金利を１％、返済期間35年とすると、借入金額３０００万円になります。

中古住宅の購入で借入金額が2000万円で済めば、5・6万円の返済と管理費・修繕積立金が2・5万円で、合計8・1万円の支払いになります。毎月の資金繰りがだいぶ楽になるのではないでしょうか？

住宅ローンの審査はご夫婦の場合、収入合算という審査方式がありますので、ご主人が年収500万円、奥様が年収200万円の場合、世帯年収を600万円程度として、住宅ローンの審査をする金融機関が多いようです。ちなみに計算方式は、ご主人の年収500万円＋奥様の年収200万円÷2＝600万円です。一般的に女性の配偶者の場合、出産、育児等々で休職・離職の可能性もあるため、年収を割り引いて考えます。

審査上の世帯年収が600万円であれば、新築も当然購入できますが、ローンの返済が生活費を圧迫する可能性があります。そこで、中古住宅をリフォームまたはリノベーションも含めて購入し、2500万円の借り入れで計算すると、金利1％、返済期間35年の場合、毎月の返済が7万円、管理費・修繕積立金の支払いが2・5万円とすると、合計で9・5万円の支払いとなります。住宅を購入したとしても、毎月のやりくりは楽になるのではないでしょうか？

浮いた分で、楽しむためのお金、お子さんの教育資金の準備、老後の蓄え、親孝行などいろいろなことに使えそうです。

収入が右肩上がりの時代は終わり、収入は横一線、あるいは右肩下がりの時代になってしまいました。これからの時代は、中古住宅の購入が賢く生きる方法なのかもしれません。

最後に、実際にあった相談事例をご紹介します。70㎡のマンションを家賃14万円で借りていたAさん。そろそろ家を買おうと、弊社に相談にいらっしゃいました。新築を購入すると今と支出が変わらないとして、中古住宅を探しました。最終的にほぼ同じ広さの中古マンションを２０００万円で買って、７００万円かけてリノベーションすることになり、ローンをどうするか悩まれていました。このようなケースではローンの組み方によって返済額が異なります。

プランａ／　２０００万円分を１・５％（変動）・35年の住宅ローンを組むと６万１２３６円の返済、７００万円分を３・５％（変動）・15年のリフォームローンを組むと５万００４１円の返済、合計で11万１２７７円の返済となります。

プランｂ／　２７００万円全額を１・５％（変動）・35年のリフォームつき住宅ローンで組むと８万２６６９円の返済になります。

手取り40万円、甲さん世帯の購入前、プランa、プランbそれぞれの家計内訳

	賃貸	プランa	プランb
食糧	60000	60000	60000
住居	140000	25000	25000
光熱・水道	25000	25000	25000
家具・家事	15000	15000	15000
被服	10000	10000	10000
保険医療	10000	10000	10000
交通・通信	40000	40000	40000
教育	25000	25000	25000
教養娯楽	20000	20000	20000
交際費等	30000	30000	30000
ローン返済	0	110000	85000
貯蓄	**25000**	**30000**	**55000**

ローン返済額を減らすことで、余剰分を貯蓄、教養娯楽費、交際費等に振り分けることができます。Aさんはプランbを選択しました。貯蓄を増やして、年に一度旅行に行きたいとの理由からでした。新築住宅を購入することで失う他の楽しみを、中古住宅購入では維持できる可能性が高いのです。

プランはa、bどちらを選択するか選べますので、ご自分の意思で好きなようにローンを設定できます。住宅を購入することで、管理費や修繕積立金の積み立て、固定資産税等

の納付がありますが、家賃よりは安くすることができそうです。

いかがですか、住宅購入と引き換えに諦めていたものが手に入るとしたら、あなたは新築住宅と中古住宅、どちらを選びますか？

リノベーションの保証

【リノベーション住宅推進協議会】

「リノベーションの保証ってどうなるの?」と、よく聞かれるのですが、『一般社団法人　リノベーション住宅推進協議会』という協議会があり、全国350社のリノベーションに関わる会社がここに所属しています。リノベーション住宅推進協議会では、検査→工事→報告→保証+住宅履歴情報の一連のフローに則ったリノベーションを「統一規格」と定めています。リノベーションを行った各業者が報告書を協議会に登録し、保証書を作り、住宅履歴情報という形でストックされていきます。こうすることで、もし工事を行った会社が潰れたとしても、リノベーション住宅推進協議会が情報をストックしており、いざという時に品質を開示できるようになっています。

いままで、古いマンションの場合、いつリフォーム工事を行ったかは記録されていたのですが、どんなリフォームを行ったかまでは記録されていませんでした。そこで、

適合リノベーション住宅とアフター保証書

安心してリノベーション住宅に住むための取り組み

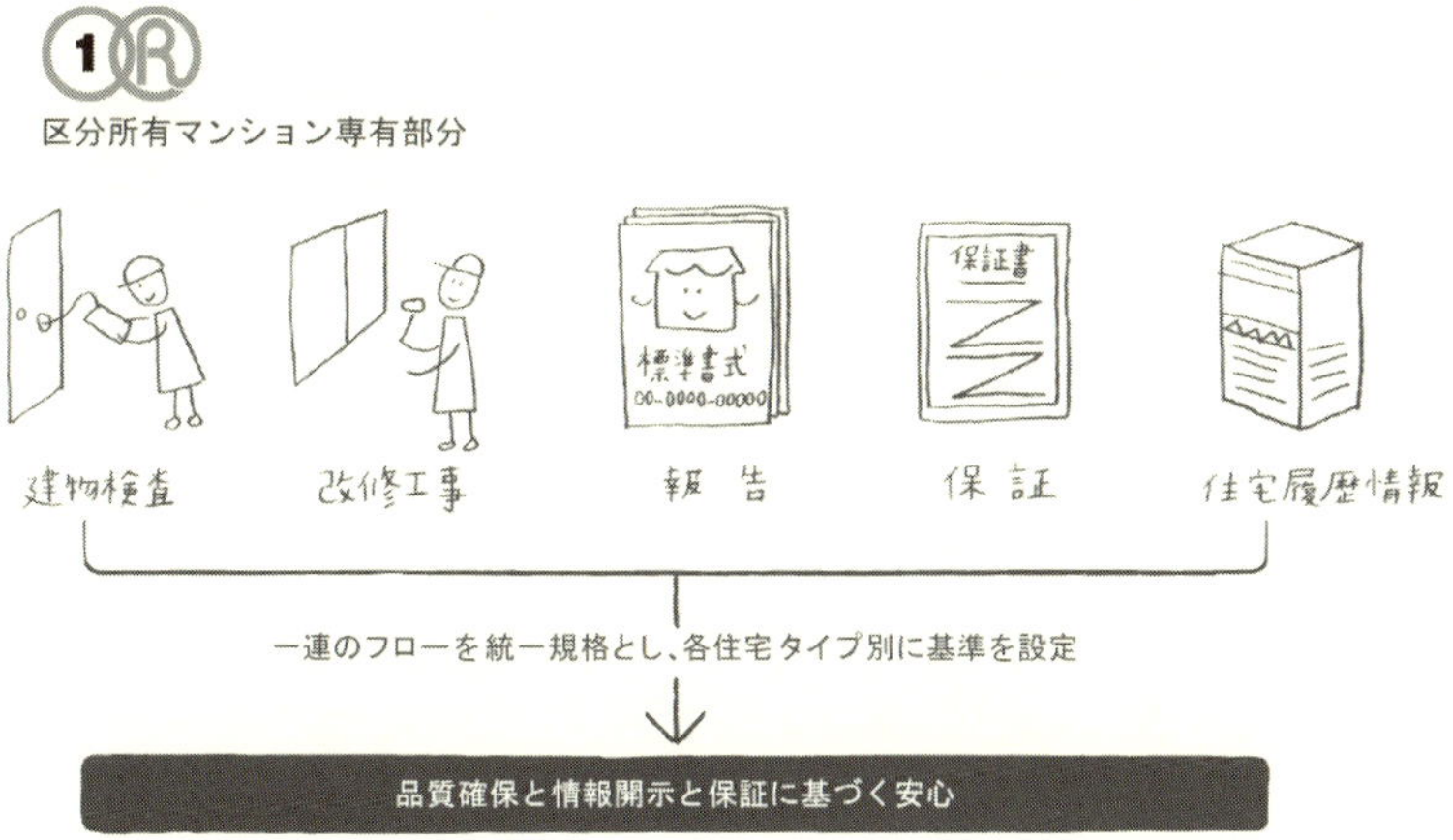

リノベーション住宅推進協議会はそういった修繕工事の履歴を残して透明化し、リノベーションの普及と品質の向上を目指して設立されました。

この協議会ができたことで、それまで施工会社が独自に定めていた基準が統一され、施工品質が高いレベルで安定したという意味でも意義があります。

日本ではリノベーションはまだ広がり始めたばかりですが、最近ではリノベーション住宅推進協議会の認知度も高まってきています。

【適合リノベーション】

リノベーション住宅推進協議会では、「建物検査」→「改修工事」→「報告」→「保証」＋「住宅履歴情報」という一連のフローを統一規格とし、「適合リノベーション住宅」として各住宅タイプ別に基準を設定しています。区分所有マンションの専有部について、リノベーション住宅推進協議会が定める基準をクリアしたものが〝R1住宅〟となります。〝R1住宅〟にはお客様に一目で分かるマークがあり、リノベーション住宅を購入する上での信頼の証しです。

適合リノベーション住宅は、リノベーション住宅推進協議会が住宅履歴情報を保管することになるため、点検やメンテナンスがしやすく、将来売却する際にも役立ちます。また、万が一の不具合に対してもアフターサービス保証が付いてくるので、安心です。

※アフターサービスの対象箇所や保証内容は、住宅のタイプによって異なります。

私自身、安心・安全で質の高いリノベーションの普及を目指して、リノベーション住宅推進協議会の理事として活動を行っています。『リノベる。』も検査を行い、R1適合住宅の報告を行っています。

２０１２年６月現在、約３５０社の登録があるリノベーション住宅推進協議会ですが、リノベーションの普及によりもっと増えてくるだろうと思います。リノベーションが良いかたちで広く普及していくよう、これからもリノベーション住宅推進協議会の活動を行っていきたいと思っています。

実はこれが一番の節約だったりするのです

理想のマイホームを手に入れるため、ほとんどの方がローンを組みますが、ローンについてひとつお話ししておきたいことがあります。ローンを組んで少しずつ返済していく際、実質的に手に入れたもの以外にも支払っているものがあります。それが金利です。左の図を見てください。

この図は店頭金利で計算していますので、実際にみなさんが支払う割合より少し高めになっているかもしれませんが、ローンを組む上で金利が忘れてはいけない重要なポイントであることは間違いありません。では、金利を少なくするにはどうすれば良いかですが、「ローンの返済を早く終える」というのがシンプルな答えです。その方法としては、頭金を準備して借りる金額を抑える、繰り上げ返済を利用する、などいくつかありますが、とにかく早くローンを返済するために月々の返済額をギリギリまで上げ、生活を楽しむ余裕がなくなってしまっては本末転倒です。せっかく暮らしを充実させるために理想の家の購入に踏み切ったのですから、無理のない計画を立て豊かに暮らしていただきたいと思います。

住宅ローンを35年で組んだときの総支払額の内訳はどうなる？

物件価格・・・・・・・・	3200万円
リノベーション費用・・・	800万円
総購入価格・・・・・・・	**4000万円**

返済条件
金利2.475%
ボーナス返済なし
３５年

↓

物件価格・・・・・・・・	3200万円
リノベーション費用・・・	800万円
金利・・・・・・・・・・	2000万円
諸費用・・・・・・・・・	400万円
総支払額・・・・・・・	**6400万円**

総支払額・・・ 6400万円

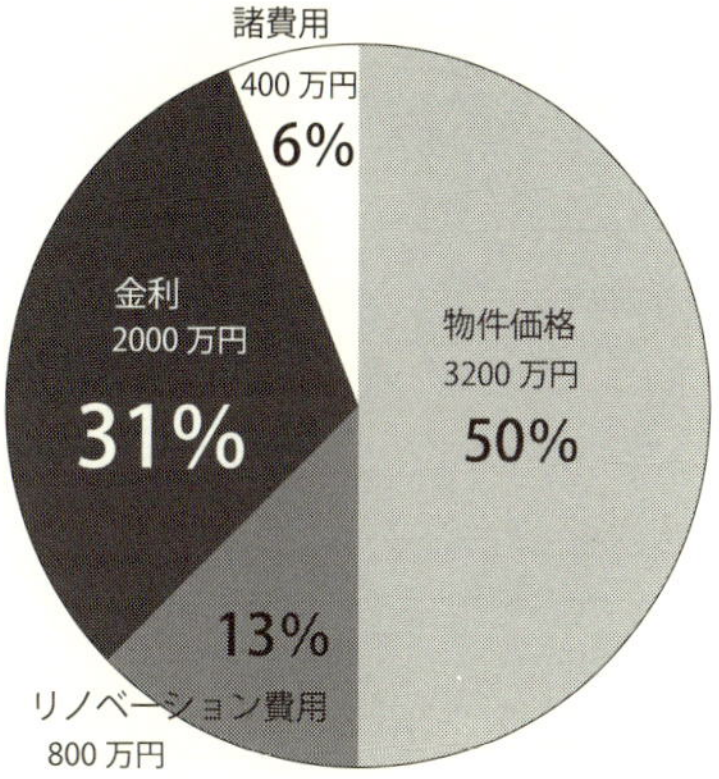

世界に目を向けると、実は日本のように住宅ローンを35年という長期で組める国はほとんどありません。日々の生活を圧迫するほどの返済額を設定するより、ローンの制度を十分に活用して長期で借り入れ、一年に一度は海外旅行へ行ったり、趣味にお金をかけたり外食に行くなど、やりたいことや気持ちを豊かにしてくれることを優先する選択肢もあります。そもそもローンの金利は借入額に応じて大きくなるものですので、中古住宅を選ぶことで住宅購入費を抑えられれば、新築購入よりも借入額を小さくすることができます。無理をして資産価値の目

減りの激しい新築を購入するのが一番もったいないような気がするのですが、いかがでしょうか？

ファイナンシャルプランナーのバックアップ

先ほどのローンの話もそうですが、金額が高ければ高い買い物ほど、お金の動きに注意を払う必要があり、税金もその一つです。

私はよくファイナンシャルプランナーの方に相談をするのですが、話を聞くと驚きの連続で、知っているか知らないかの違いが家計に及ぼす影響の大きさを痛感します。

専門の方に相談したほうが、圧倒的に情報量が多く、かつ適切なアドバイスをもらえるので、お金のやりくりで何か相談したいことがある方は、ファイナンシャルプランナーに相談してみることをお勧めします。

この章では、ファイナンシャルプランナーから教えてもらった、リノベーションに役立つ税金対策について説明したいと思います。

贈与税

平成23年中は、家を買うか増改築が目的であれば、親から1000万円譲り受けることがあったとしても贈与税がかかりませんでした（通常だと1000万円は課税対象となり、231万円の贈与税がかかります）。それが平成24年は最高1500万円（一定の要件があります）までに拡大されました。税制というのは年々種々の改正があるため、今ある制度がいつまで続くのかを知っておくことは重要です。省エネ性や耐震性に優れた住宅であれば1500万円まで引き上げられたことは朗報ですので、贈与を受け取られる環境であれば、正直これはチャンスです。頭金でローンの借入額を小さくできれば金利の総額も抑えられ、それが総支払額に大きく影響してきます。贈与を受けることで、銀行からの借り入れを減らし、ご両親の力を借りるのも一つの手です。子供の住宅購入は親御さんにとっても大きなことですので、一度相談してみてはいかがでしょうか。

相続税

相続税とは遺産相続を受けた時にかかる税金のことです。20〜30代の方だと、相続を経験されたことのある方は少ないと思います。知識として持っておかれると、もしもの時に慌てずに済みますので、ここで少しお話ししておきたいと思います。

例えば、2階建ての戸建て住宅に父、母、息子夫婦が住んでいるケースで、敷地の所有者である父が亡くなったとします。所有している土地が240㎡（約72坪）までであれば土地の評価を8割減額できる小規模宅地の特例というものがあります。

小規模宅地の特例は、同居していた相続人が、相続税の支払いのために居住中の住まいの売却を強いられることを防ぐためにつくられたとされる優遇措置です。

2010年4月に相続税法が改正され、この小規模宅地の特例の土地の評価減を受けられるのが「配偶者」および「同居していた親族」に限定されることになりました。配偶者以外の親族（子供）にとって、同居している場合と別居している場合とでは、全く異なる解釈がされることになったわけです。

先ほど例に挙げたケースでは、息子は父と同居していたため、土地の評価額が8割引きになります。もし同居していなかった場合は、評価減は0円。同居しているか否かで何千万円という差が出ることになります。

ここまでの差が出るのであれば同居を選択したいという方も多いと思いますが、実際のところ、若い世代では親と同居することに抵抗を感じる方が多いのも事実。

そこで役に立つのがリノベーションです。リノベーションなら間取りを自由につくりかえることができるため、お互いのプライバシーが保たれる2世帯住宅にすることも可能です。それぞれの意見を盛り込んだレイアウトや内装にすれば、家族みんなが気持ち良く生活できる理想の家に生まれ変わります。相続税にフォーカスすると、リノベーションは資産を守るために役立てることもできる、と言えます。

また、こういったケースは高齢社会を迎えた日本でこれから増えてくることが予想されます。相続税となると額も多いですし、資産を守る方法として同居、2世帯住宅、リノベーションを知っておいていただきたいと思います。家は自分だけでなく家族にとって人生の大切な時間を過ごす大切な場所ですから、税金のことも含め、将来も見据えた計画をされることをお勧めします。

登記

例えば、夫婦2人で住む住宅を購入する場合、名義は1人にすることも2人にすることもできます。また、「夫、何割。妻、何割」と権利の割合を決めることもできます。ただ、もし仮に5000万円の物件を「夫、50%。専業主婦の妻、50%」として登記した場合、夫のお財布から物件を買い、その50%の2500万円の資産を妻に贈与したと解釈され、970万円の贈与税が発生してしまうのです。

このように住宅購入など普段触れることの少ないケースのお金のことは、想像以上に知らないことが多いもの。

こういった税金やローンのプランなどを、独学ですべて勉強することは実際のところかなり困難です。そこでお勧めするのが、ファイナンシャルプランナーの方への相談です。

普段から関わりをお持ちの方もいらっしゃるかもしれませんが、ファイナンシャルプランナーは言ってみれば〝マネーのホームドクター〟といったところ。

病気になったら医者に診てもらい、法律的な問題があれば弁護士に相談します。同じように、人生で最も高い買い物といわれる住宅を手に入れようとする時、ファイナンシャルプランナーはとても良いパートナーとなってくれるはずです。

マネーのホームドクターとして多くの方にアドバイスしてこられた株式会社ノースアイランド・嶋社長にお話をお伺いしましたので、住宅購入を考える際の参考にしてみてください。

【対談】

将来を見越した住宅探しがリノベーションを成功に導く

株式会社ノースアイランド　代表取締役　嶋　敬介
×
リノべる株式会社　代表取締役　山下智弘

山下　住宅を取得する人は、家を「買う」人と「つくる」人に分かれています。最近では家をつくる人が増えてきていることを日々感じています。ファイナンシャルプランナーとして活躍されている嶋さんからみて、数年前と比べて変化してきていることってありますか？

嶋　堅実になってきていると思います。5年以上前は勢いで購入する若い方も多かったのですが、最近では「ずっと返済していけるか？」とか「買うのと借りるのとどっちが良いのか？」など、慎重に考えてますね。

山下　確かに、『リノべる。』のお客様の中にも、新築を見に行った後に、返済を考えてまた「中古＋リノベーション」に戻ってくる方がいらっしゃいます。

嶋　一方で金融機関は、一般のお客様をたくさん取り込みたいという方向に変わってきているんです。

山下　確かに金利にも表れてますよね。

嶋　私の知っている一番安いところでは変動金利の０・６６５％です。

山下　すごいですね。新築にせよ中古にせよ買い時ですね。

嶋　そうですね。借りどきと言ったほうがいいかもしれないですね。

山下　ただ、家が欲しいと思った時に買えるかどうかの判断は、今の収入や支出など、『今』で考える傾向にあります。車のローンで5年ならまだ想像しやすいですが、住宅ローンで35年となるとほとんどの人が想像できないと思います。

嶋　そういった場合は、ゲーム感覚でシミュレーションをするといいですよ。例えば自分にとっての優先順位の1位が家だったとします。キャッシュ・フローを作って、どのくらい収入があれば今と同じような生活レベルを保ち

ノースアイランド 嶋氏（右）
とリノべる 山下（左）

ながら住宅ローンを返済していける、いくらまでなら収入が落ちても大丈夫、という風にシミュレーションします。そこで大事になってくるのが、収入が落ちた場合にそれを補うための対策まで考えておけるかどうかです。

山下　対策というと、どんなことですか？

嶋　例えば、自家用車を持つのをやめるとかですね。レンタカーやカーシェアもありますし、全部タクシーを利用したとしても車の維持費より安い。自家用車の1年の維持費を月で割ると、結構高くつくんですよ。

山下　確かにそうですね。

嶋　まずはシミュレーションをしてみることです。そうすると、これを減らすと1年間でいくらの差が出る、ということが目に見えて現実味が出てきますから。そうやって家を持ち続けるための方法論を自分の中に持つということです。

山下　なるほど、それなら家を買いたいと思った時に安心して決断できますね。

嶋　もう一つ、家というものにセカンダリーマーケットがあればいいなと思いますね。「もしもの時にもちゃんと売れます」とか「10年後にいくらで売れます」といった一歩進んだ安心感と言いますか。

山下　そこに関しては少しずつ動きが出てきています。ただ「新築を買って、15年住んで売る」というのは結構事例が出てきているんですが、「リノベーションされた築20年の中古住宅を買って、20年住んで築40年の時に売る」というのはまだまだですね。

嶋　ファイナンスやインスペクションなどのハードルがありますし。そこはやっぱりどこか力のある所が主体となって、制度にしないと難しいですよね。

山下　国土交通省は、2020年には既存住宅の流通量を今の2倍にすると発表しているんですが、これからの既存住宅の流通活性化についてはどう思われますか？

嶋　これからますます高齢社会になってくるので、老人が暮らしやすい家に再生するリノベーションのニーズは高まると思います。医療施設とのコラボレーションや在宅医療について、病院や老人ホームとの連携だとか、リノベーションでそういったことが実現しやすくなると流通も活性化されますよね。それに、そういった動きがセカンダリーマーケットとなれば、家を買うことの安心感にもつながると思います。

山下　内装というハード面だけでなく、ソフト面も充実したリノベーションが必要とされてくるということですね。

嶋　リノベーションで、バリエーションのある提案してもらえるといいですね。高齢になってからや、ずっと独身だった場合、賃貸に出す場合や売却時にも「こんなことができるから大丈夫」ということを教えておいてもらえると安心できるので、家の購入を決断しやすくなると思います。

山下　その人の将来設計に合わせたソリューションを提供するということですね。

嶋　そのとおりです。もちろん資金的にはキャッシュ・フローも大事ですけど、何より将来設計ですね。それがあって初めて「この家を買おうと思うんですが、どういった買い方をすれば良いですか?」という相談になるのだと思います。

山下　確かにキャッシュ・フローで具体的な違いが見えると真剣になるし、どんどん細かく考え始める。そうすると家に対する条件もクリアになって、自分に合った物件が見つかる。やっぱり自分にとって大切なものが何なのかを考えることからですね。そこでファイナンシャルプランナーの方に相談して力を借りる。将来設計をしっかりと立てることが成功する家の買い方ですね。

第5章

リノベーションの実例

◆O邸◆

大阪市福島区　65㎡　1LDK+WIC　718万円

最初は賃貸の物件を探していたOさん。ぴったりの条件のものを探しているうちに、中古マンションを購入してリノベーションし、ローンを返済するほうが、後々自分のものになり、内装も自分の思いどおりに変えられるので賃貸よりいいのでは、と『リノべる。』に物件探しからご依頼いただきました。

『リノべる。』がご案内したのは、川に面した築30年のマンション。窓から見えるのは大きな川と川沿いの遊歩道の木々。とても眺めのいい部屋です。

ただ、内装があまりに古く、初めて見に行った時はびっくりされたそうです。とはいえ、もともと全面リノベーションを考えていたOさんにとって、内装の古さは最終的には問題にはなりませんでした。リフォーム前で相場よりもかなり安くなっていたこの部屋は、まさにリノベーションで光るダイヤの原石のような物件でした。

Oさんのように、賃貸を考えていた方や新築を考えていた方が「中古マンション購入+リノベーション」を選ぶケースが増えています。賃貸の内覧に行っても「ここがこうだったらいいのに……」と気になるところがあったり、新築マンションのモデルルームに行っても、全戸同じ仕様でつくられた内装に居心地の悪さを感じたりして、踏み切れないでいた方にとって、自分のライフスタイルにあった間取りや素材に変更できるリノベーションはとても魅力的に映ります。

内装を全部自由につくりかえることができる上、リーズナブルで資産価値の目減り幅も少ない。これが新築マンションから「中古＋リノベーション」にシフトする人が増えている理由です。

大きな川のそばの日当たりのいい部屋を選んだOさん。理想を叶えるリノベーションが始まりました。

南側に20畳のＬＤＫを設け、寝室はベッドのみが置ける、カーテンで仕切った空間に。ベッドルームから、リビングとＷＩＣ（ウォークインクローゼット）どちらにも行けるようにしたのは2人の暮らしに合わせてのこと。キッチンはステンレスの天板のみのシンプルな設計ですが、キッチンの背面には冷蔵庫も収納できる便利なパントリーを設けました。

天井・壁の躯体に塗装したのはO

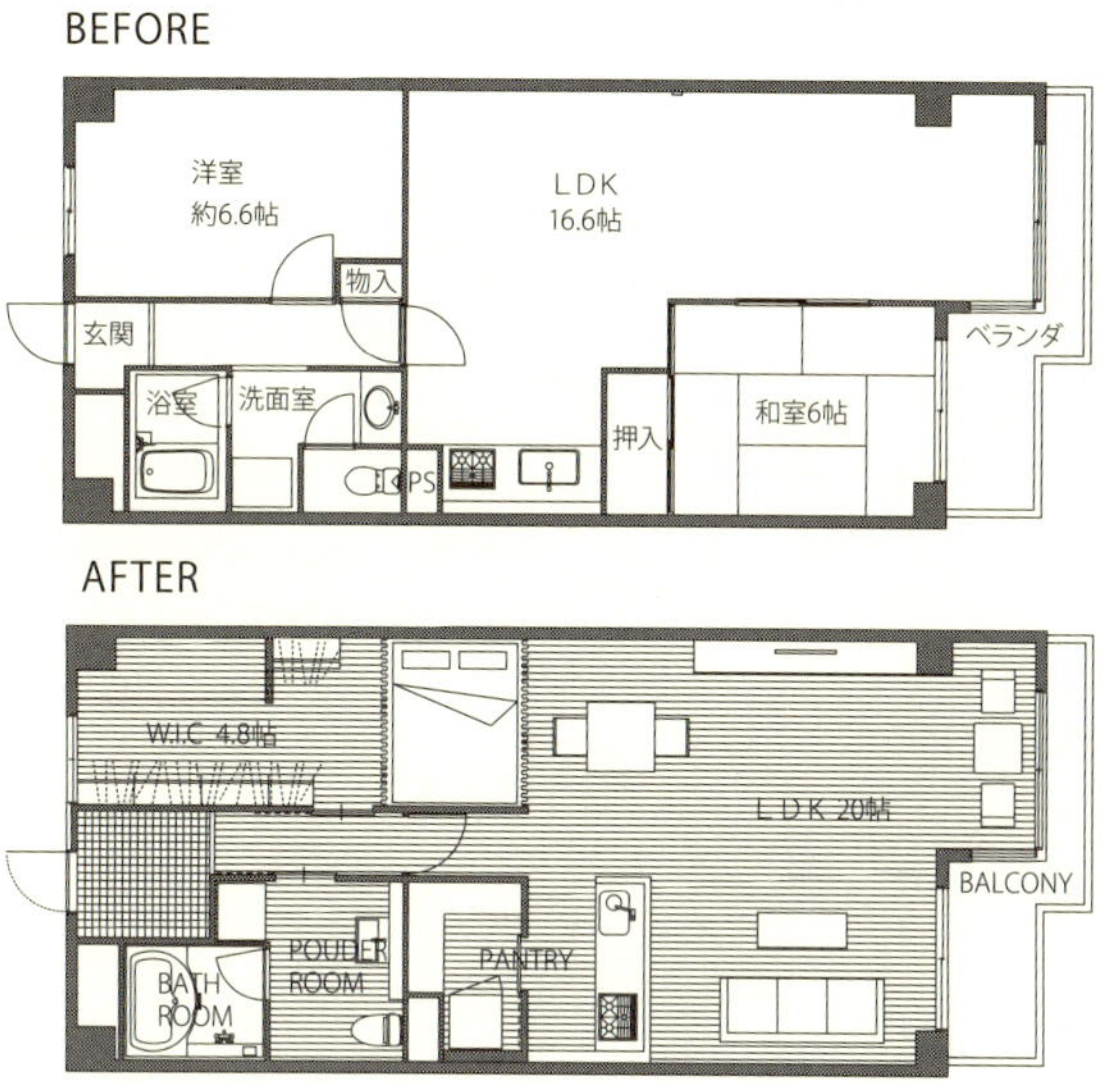

さんご夫婦。自分で手を加えたことで、より一層愛着の湧く空間になったそうです。

床はパインの無垢フローリングに白のウッドワックスを塗り込んで、風合いのある空間に。脱ぎ捨てた服も絵になる、Oさんご夫婦らしい住まいになりました。

◆M邸◆ 大阪市西区 70㎡ 2LDK 850万円

「今までずっと住んだ街が好きだから、この街に住み続けたくてリノベーションを選びました」と笑顔で話すのは、大阪市西区にお住まいのMさん。街と自分との関係も大切に思っているMさんは、これまで住んでいた賃貸マンションのすぐ隣のマンションを購入して、リノベーションをしました。

Mさんのように街を軸に家探しをするのも、納得のいく家探しの方法のひとつ。好きな街で家を探すのもいいですし、好きになれそうな街を探すところから始めるのも楽しいものです。ずっと暮らす場所だから、周りの環境との相性は大切。物件探しのときには、ぜひその街の雰囲気も見てみてください。

ずっと暮らしたいと思える街で、リノベーションにぴったりの物件に出会えたMさん。プランに関しては「今と将来どちらも大事にできる間取りを」とご希望をいただきました。

そこで、一番こだわったのが、必要に応じて使い方が変えられる空間づくり。将来家族が増えたときのために、ＬＤＫに空間を仕切るための引き戸をつくりました。引き戸を開放している時は大空間のリビング・ダイニングとして。閉めた時は、仕切った部屋をゲストルームや子供部屋として使えます。こうしたちょっとした工夫で部屋の使い方の可能性が広がります。

将来に備えつつ、今のお互いのプライベートな時間も大切にしたかったＭさんご夫妻。そのご要望にお応えして、それぞれに個室をつくりました。音楽好きな旦那様の部屋には今まで集めたレコードやＣＤなどをキレイに収めるラックを設置。まるでＤＪブースのようにお気に入りのコレクションに囲まれています。そして洋服好きな奥様の部屋は、

BEFORE

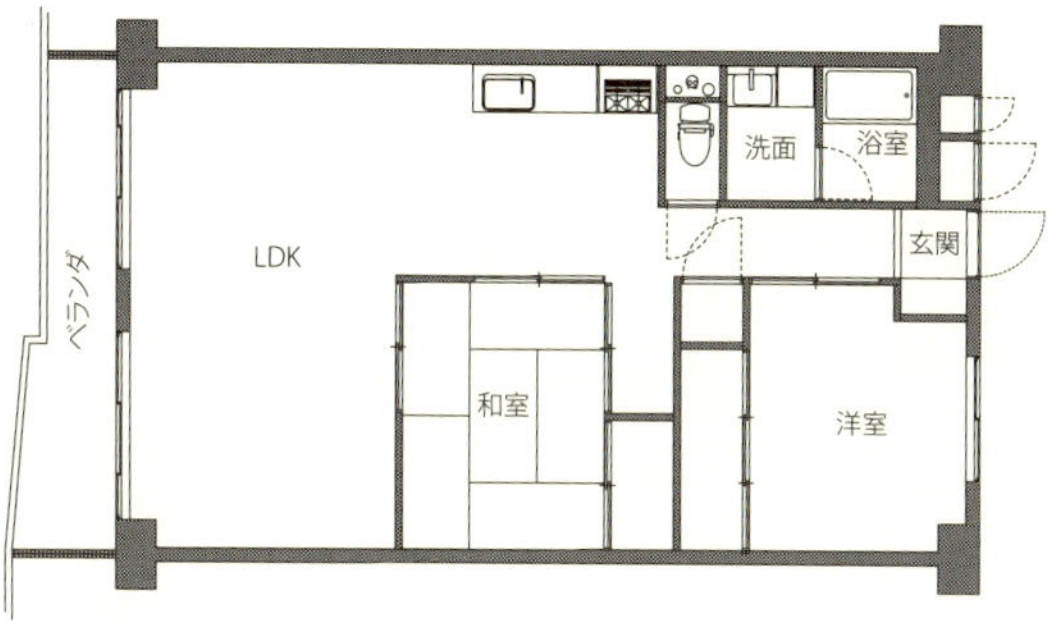

AFTER

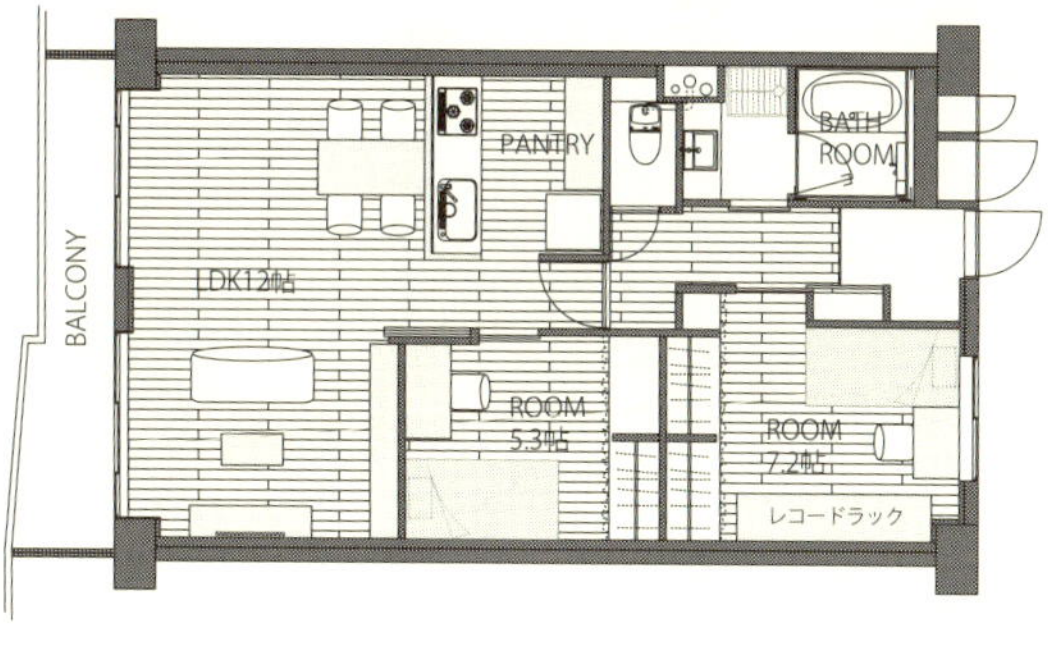

こだわりの雑貨が引き立つシンプルな造りに。ご自身でセレクトしたカーテンを収納の目隠しにしたり、お気に入りのペンダントライトを取り付けて、好きなもので飾られた素敵な空間になりました。

また、キッチンは対面式のオープンキッチンに。ダイニングとの一体感があり、料理の最中も会話をしたり、お互いの様子が感じられる開放的な明るい空間になりました。あえて見せる収納にしたキッチン収納には、カラフルなかわいい食器が並んで彩りを添えています。

「ずっと仲良く過ごせるように」というお2人の想いをかたちにしたMさんのリノベーション。

将来も今も大切にした間取りで、可愛い家族が増えた時の準備も万端です。

◆K邸◆
大阪市西区　65㎡　1LDK+WIC　970万円

人によって住まいを選ぶ基準はそれぞれ。Kさんは「背伸びをせずに楽しめる空間にしたい」と、リノベーションを選びました。

Kさんが購入したのは大阪、北堀江のマンション。勤務先にも近く、公園や遊歩道も近い好環境。南向きでたっぷりと陽光が注ぐこのマンションを見つけたとき「チャンスだ」と即決されたそうです。

家という大きな買い物を「即決」されたことに驚く方もいるかもしれませんが、「これだ」と思ったらすぐに決断することも後悔しないための大きなポイント。そのために自分のライフスタイルや人生設計についてしっかりと考えておくことがとても大切です。

いろいろ物件を見るとどうしても迷いがちになってしまい、せっかくのチャンスを逃がしてしまうケースもあります。Kさんはご夫婦でじっくり話し合って条件や希望を絞っておいたので、自分たちに合った物件に出会った時に即決することができまし

BEFORE

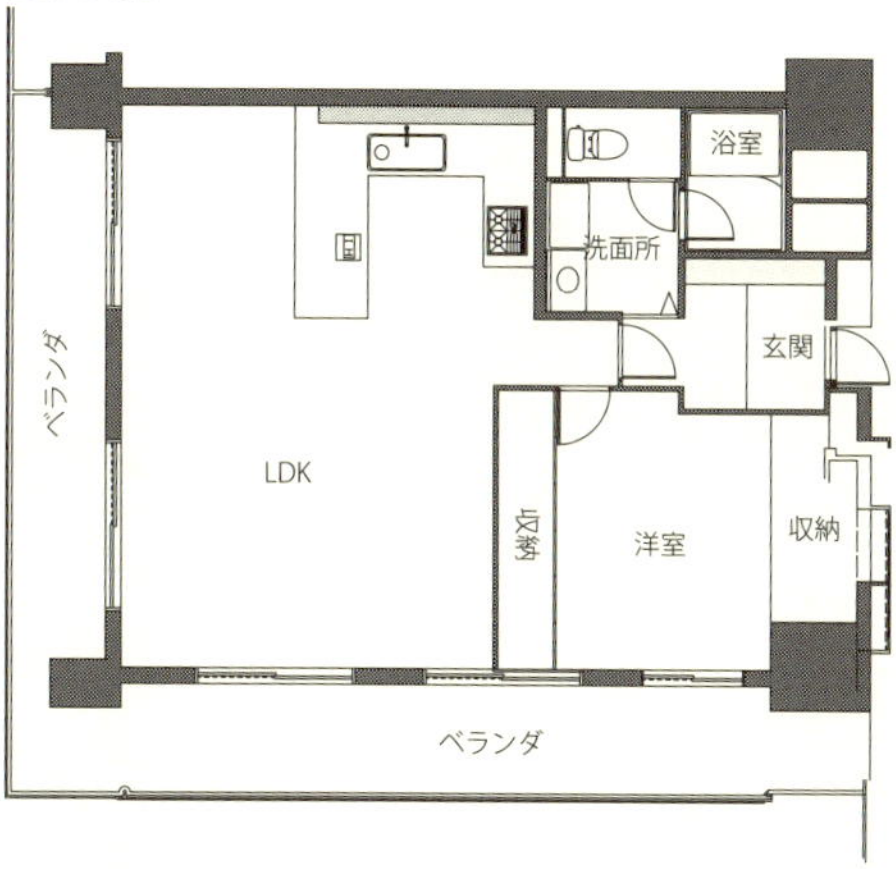

AFTER

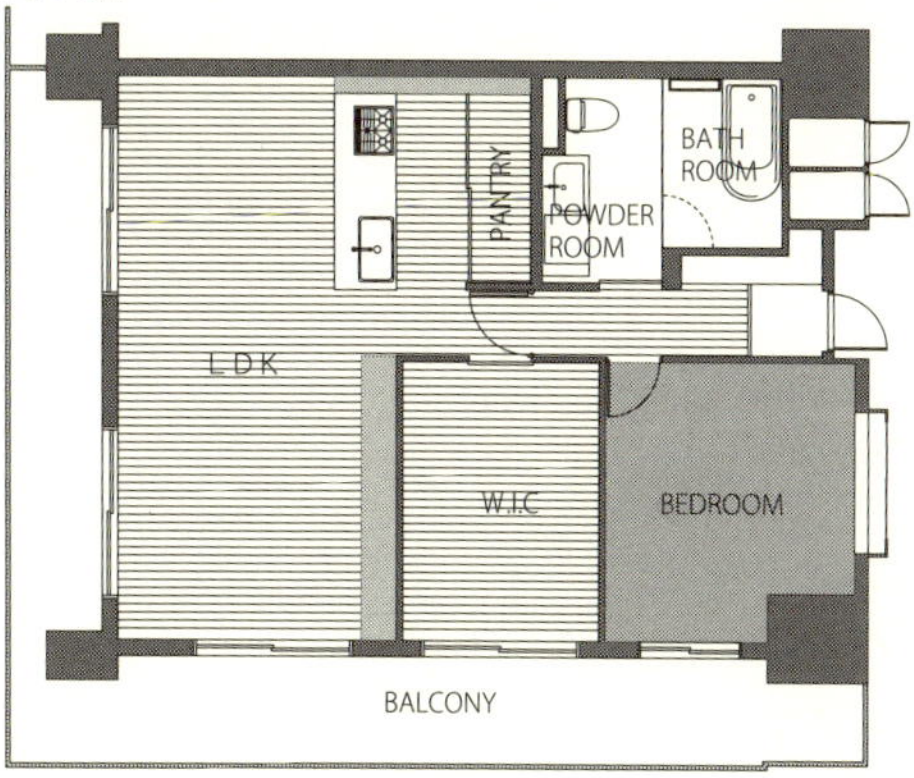

た。みんながいいと思う物件はすぐに売れてしまうことも多いので、物件を見て回るのと同時にイメージを明確にしておくことが重要です。自分なりの住まいのイメージをはっきりと持っていたことで、Ｋさんは理想的な物件を手に入れることができました。

Ｋさんの一番のこだわりは「光」。陽射しをふんだんにとり込むＬＤＫを中心にご提案しました。

リビングは光溢れるすっきりとした空間にするために、大きなウォークインクローゼットをつくりました。部屋が余計な荷物で乱雑になることなく、整頓されたゆとりの空間が生まれます。このウォークインクローゼットは、将来子供部屋として使えるようサイズなどバランスを取って設計してあります。幸せな将来に備えたプランニングです。

またベッドルームは、飽きがこないモノトーンに統一。床材にも絨毯を選びました。足音がしにくいため、ベッドルームに適した床素材です。リビングとはまた違う、落ち着きのあるスペースになっています。

Ｋさんの楽しい空間づくりへのこだわりは水まわりにも反映しました。キッチンは陽射しや視界を遮らず、ダイニングとのコミュニケーションもスムーズなオープンカウンターに。背面にパントリーを設けたことで、キッチン用品や調味料などもたっぷり上手に収納することができます。パントリーは鏡張りで、空間を広く見せる効果も持たせています。

バスルームはガラス張りにして、置式の洋風バスタブを設置。ホテルのような雰囲気のある空間になりました。この洋式のバスタブ、背中の角度がちょうど良くゆったりとくつろげるため、旦那さまはこの家に引っ越してから長風呂になったそうです。

将来設計や予算、デザインなどの理想をしっかりと描いて住まいを探していたKさん。素早い決断と豊富なアイデアで理想の家を手に入れ、「背伸びしない」暮らしを楽しんでいます。

◆S邸◆
大阪府吹田市　90㎡　3LDK+WIC+書庫
1340万円

ご結婚を機に北摂地区に新居を構えたSさん。北摂は緑が多く、閑静な街並みが広がる人気のエリアです。そんな心地いい環境でSさんが選んだのは築26年、90㎡のマンション。当初は新築マンションを探していましたが、このエリアでは希望の広さの新築が見つからなかったため中古マンションを選ばれ、せっかくなので自分に合った空間を自由につくりたいと『リノべる。』にご相談いただきました。

BEFORE

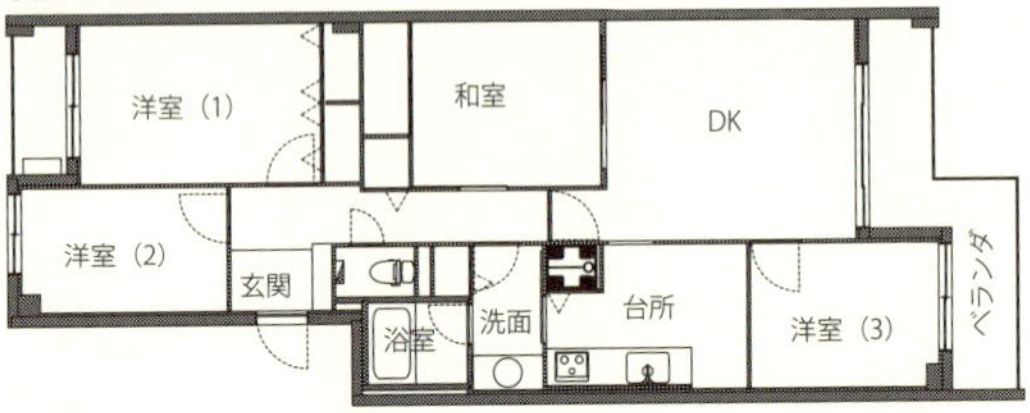

AFTER

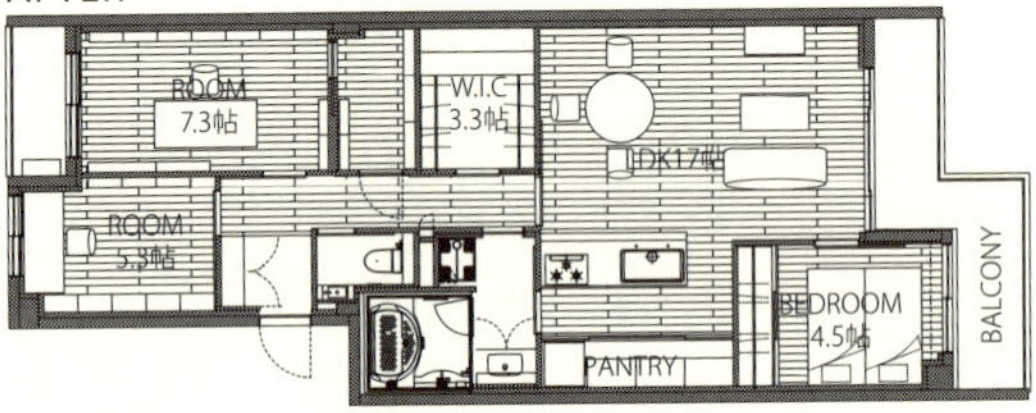

大きな空間を贅沢に使って、「大人の楽しみを十分に引き出す快適な住まいづくり」をテーマにご提案しました。

Sさんご夫婦は自宅で仕事をすることもあり、家で過ごす時間が長いため、それぞれの部屋で快適に過ごせることを重視しました。

仕事をする書斎はガス床暖房を採用。輻《ふく》射熱で暖めるので陽だまりにいるような暖かさが感じられます。天井に取り付けたシーリングファンは温度を均一に保ってくれます。また、二重サッシにして冷暖房効率を高め、結露防止対策も行いました。照明はLEDを選び、環境にも優しいエコな住まいになっています。

また、落ち着いて読書や仕事ができるよう、窓側の壁はやわらかいブルーで塗装しました。気持ちを落ち着かせる色を取り入れたことで、気分が仕事モードに切り替えやすくなりました。

南向きなのに薄暗い印象だったリビングは、ナチュラルで明るい色味の素材を使用して開放的に。造り付けの棚には大好きなレコードやCDを並べてコーディネートし、趣味の音楽をリラックスして楽しめる空間になっています。

リビング横のキッチンは空間を広く感じられる対面のオープンキッチンに。コミュニケーションもスムーズになり、お友達を呼んでのホームパーティーなども楽しめます。

また、仕事柄ご夫婦でかなりたくさんお持ちだった本は、書庫を設けて収納。専用の収納をつくったことで、大量の本もすっきり収めることができました。間取りも部屋の機能も自分に合わせられるリノベーションなら、家全体を機能的に無駄なく有効活用することができます。

Sさんの住まいのもう一つのこだわりは灯り。一つひとつの部屋の用途に合わせた照明を選び、ライトや自然光で各部屋の印象に変化をつけています。

また、どの部屋もナチュラルでシンプルな素材とデザインにし、飽きのこないくつろげる空間にしました。シンプルだからこそ、家具や雑貨でSさんご自身が簡単に各部屋の雰囲気を変えることもできます。Sさんご夫婦が暮らしていくことで、2人だけの心地良い住まいが今も形づくられていっています。

◆N邸◆
神戸市西区　79㎡　2LDK＋WIC　910万円

Nさんがこの家に決めた理由は、ここの立地と団地の雰囲気が好きになったから。この部屋は、街を一望できる開放感溢れる最上階にあります。

ただ、立地環境も良く、眺望もいいこの部屋には、リノベーションをするには難しい点がありました。この建物は、壁自体が建物を支える壁式構造という設計になっており、解体できない壁があったのです。工夫が必要な条件ではありましたが、制限があったことで逆にアイデアがいくつも生まれ、解体できない壁を最大限に生かした間取りになりました。Nさんご夫婦の暮らしやすさと快適性を追求したリノベーションの内容をご紹介します。

まずは天井。リノベーションのために解体すると、それまで石こうボードでふさがれて見えていなかった広い空間が出現しました。そのためLDKは大きく抜けた斜めの空間を生かし、天井高は最大約4ｍに。普通のマンションではあまり見ることのできない、個性的で開放的な空間になりました。最上階ならではの嬉しい発見でした。このように物件それぞれの特性を生かしていくのも、リノベーションの楽しさのひとつです。

同時にキッチンとダイニングのスペースにも注目しました。限られた空間をより広く使えるように、キッチンは壁付けと対面のセパレートキッチンに。対面キッチンのすぐ横にダイニングテーブルを設置して、空間にもゆとりができ、ＬＤＫとの一体感も生まれました。

Ｎさんが大切にしているもののひとつが自転車。保管は共用の自転車置き場ではなく家で、とのご希望をいただき、玄関をモルタルで仕上げた大きな土間にしました。横長の広いスペースは自転車を保管するのも余裕なサイズ。リノベーションをされる方には多趣味で独自の世界観を持っている方も多く、いただくリクエストは様々です。自転車好きな方には、この土間のアイデアは参考にしていただけるのではないでしょうか。ちなみにＮさんはエレベーターのないこの団地を、毎日最上階まで自転車をかついで上がっているそうです！

BEFORE

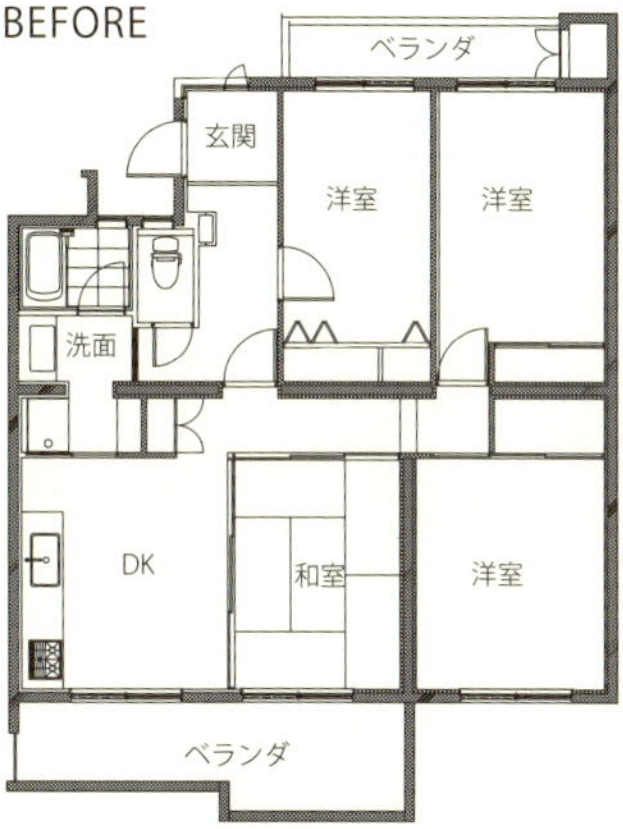

AFTER

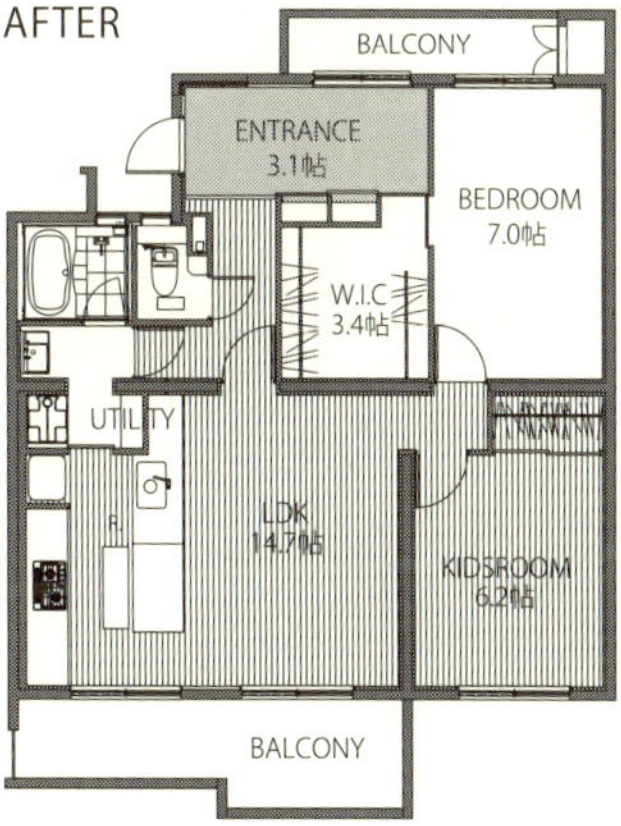

生活時間帯が異なるＮさんご夫婦からいただいたもうひとつのご希望は、お互いのライフスタイルを尊重できる間取り。そこで、玄関からＬＤＫに入る動線とは別に、ウォークインクローゼットから直接ベッドルームに入ることのできる動線を設け、回遊型のプランにしました。これなら出かけるときもウォークイングローゼットで着替えてそのまま玄関に出られるので、変に遠慮したりすることなくお互い心地よく暮らせます。

住む人の生活スタイルに合わせて自由なレイアウトにできることも、リノベーションの大きなメリットのひとつ。プランの打ち合わせの際にどんな暮らしがしたいのか、理想とする家での過ごし方を、設計者にどんどん話してください。理想を共有できれば、ご希望に沿った最適なプランを提案してもらえるはずです。

Ｎさんはお子様の部屋の壁に、お気に入りのグリーンを選びました。壁の一面に塗られたこの色は子供部屋の印象をやわらかくしてくれています。カラーリングも自分だけの空間づくりでは大きなポイント。アクセントとして一つの面の色を変えてみるだけでも、部屋のイメージは大きく変わります。こういったところにもとことんこだわれるのが、できあがった家を買うのではなく、自分で家をつくることの楽しみです。

また、Ｎさんは「ハンモックのある生活」が夢だったということで、リビングに大きなハンモックを設置しました。これでリビングが一気に遊び心溢れる空間に。個性的で開放的な、遊びに来たお客様もゆったりとくつろげるＬＤＫの完成です。

Nさんの例のように、構造壁で建物を支える壁式構造のマンションは間取りに制限が出る場合がありますが、アイデア次第であなたの希望にピッタリの住まいが完成します。もしも立地や価格などが気に入っているのに、こうしたケースで迷われたときは、プロに相談してみてください、一緒にアイデアを練って、あなたの希望を叶える提案をしてくれるはずです。

◆O邸◆
大阪市西区　60㎡　1LDK　620万円

道頓堀川沿いにある眺めの良い、南堀江の2LDKを1ルームにする思い切ったリノベーションをしたOさん。大胆さの中にもしっかりとこだわりを反映して、とても〝らしさ〟を感じる快適な部屋になりました。

普段は海外にお住まいというOさんは、日本にいるのは1年のうち数か月程度。以前は日本に滞在している間はホテルにお住まいでしたが、ホテルは生活しにくく、特にキッチンなどが窮屈で、生活感のなさが不満だったそうです。

そこで日本にいる間も、仮住まいのような暮らしではなく、普段海外でしているような快適な生活がしたいと、家の購入を検討し始めました。しかし、Oさんの思い描く海外と同じような空間は、日本の生活スタイルを基準にした物件ではなかなか見つ

BEFORE

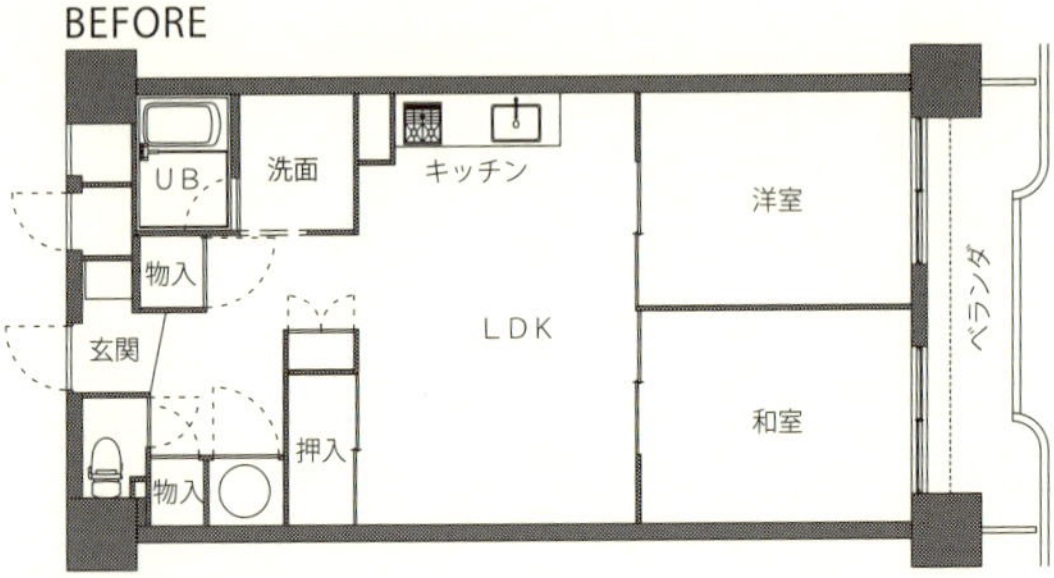

AFTER

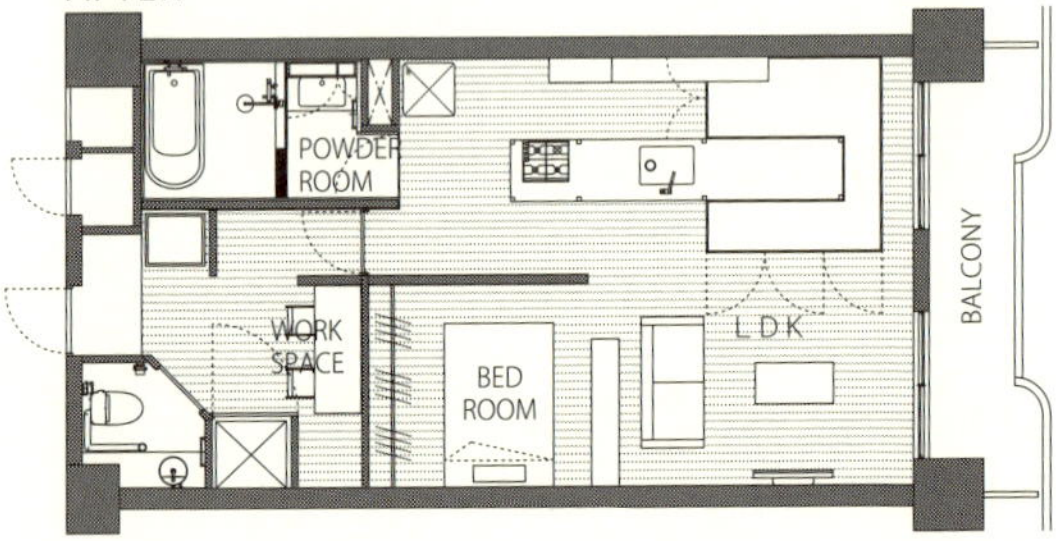

かりませんでした。そこで「見つからないならつくってしまおう」と発想を変えて「中古マンション＋リノベーション」を選ばれました。

Oさんがまずこだわったのがキッチン。みんなが集まって楽しく過ごせるキッチンにしたいというOさんのリクエストを受けて、ほかにはないオーダーキッチンをご提案しました。このキッチンは天板が長くダイニングテーブルと一続きになっており、すっきりと空間を無駄にしないデザインです。またダイニングのベンチは備え付けの大きな箱型で、中は大きな収納スペースになっています。部屋のスペースを広くとりながら機能的な収納を確保する、空間を上手に使うための工夫です。

仕上げの素材や設備にもこだわったOさん。床の素材は、木の温もりが伝わるナラの無垢フローリングに。お風呂には、ホテルのバスルームのような置式洋風バスタブを設置しました。バスルームとパウダールームとの境はガラスで仕切ることで、広々とした印象を与えています。

すべてにこだわるとその分コストも高くなってしまうため、Oさんには費用をかける部分と抑える部分の調整をご提案しました。そこでコストダウンのためにご提案したのは塗装をご家族で行うこと。塗装は意外と簡単に行える上、一緒に作業した人たちのとても良い思い出になります。実際にOさんもご家族みんなでの天井・壁の塗装をされました。

日本では、住まいに自分で手を加える発想を持った方は少ないですが、Oさんは抵抗なく、積極的に住まいづくりに参加されました。リノベーションならではは家づくりの体験で、Oさんご家族も、滅多にできない楽しい経験ができて思い出になったと笑顔でお話ししてくれました。

『リノべる。』では、リノベーションの際に、壁の塗装など家づくりを体験していただくことができます。自分でつくることで住まいに対する愛着が増したと、ご好評をいただいています。

Oさんには海外に暮らす方ならではの発想があり、家に対する考え方として参考にしたいアイデアがたくさんあります。逆に具体的な希望が見つからないという方も、具体的な設備や使い方の前に、理想の暮らしについて考えて、設計者に話してみてください。きっとあなたの個性を生かしたデザインを提案してくれるはずです。

現在Oさんは、海外にいる時は外国人専用のウィークリーやマンスリーの賃貸として貸し出していらっしゃいます。素敵な住まいにしたことで借り手のニーズも多く、予約が途切れないそうで、とても満足していらっしゃいます。貸し出すことも考えてプランしたOさんのリノベーションは、資産の運用を考えている方にも良い参考にしていただけると思います。

◆S邸◆
東京都渋谷区　68㎡　1Room+WIC　700万円

仕事の関係で東京に暮らすことになったSさん。今まで賃貸マンションに暮らしていましたが、「このまま家賃を払い続けるのはもったいない。これなら買ったほうが……」と家の購入を考え始めました。

せっかく買うなら資産価値の高いものを、といろいろ調べたものの、立地やプランなど思いどおりのものがなかなか見つからなかったそうです。

中古住宅について情報を集めていた時にリノベーションを知り、『リノベる。』のショールームを訪れたことからSさんのリノベーション計画がスタートしました。

Sさんのテーマは「資産価値の高いリノベーション」！

『リノベる。』からは、中古住宅は資産価値の目減りが少ないなどの情報と、リフォーム前の物件のほうが安価でリノベーションとの相性が良いことをお伝えして、独自に集めたリフォーム前の中古物件情報をご提供しました。

Sさんの条件にピッタリだったのは、渋谷の高級住宅地にあるかなり築古の物件。内見には専属のコーディネーターが同行して、立地や管理状態、居住者の方々の雰囲気など一緒に確認しました。

住宅を購入するということは、資産を持つことですので、資産価値も住まい選びのとても大切なポイントになります。

将来SOHOとして貸し出すことも念頭に置いて物件探しをしていたSさんにとって、購入の決め手になったのは、「立地」と「管理状態」。そして「マンションの規模」と「タイミング」でした。渋谷の高級住宅地で管理状態が良かったことに加えて、マンション全体の戸数が少なかったことはポ

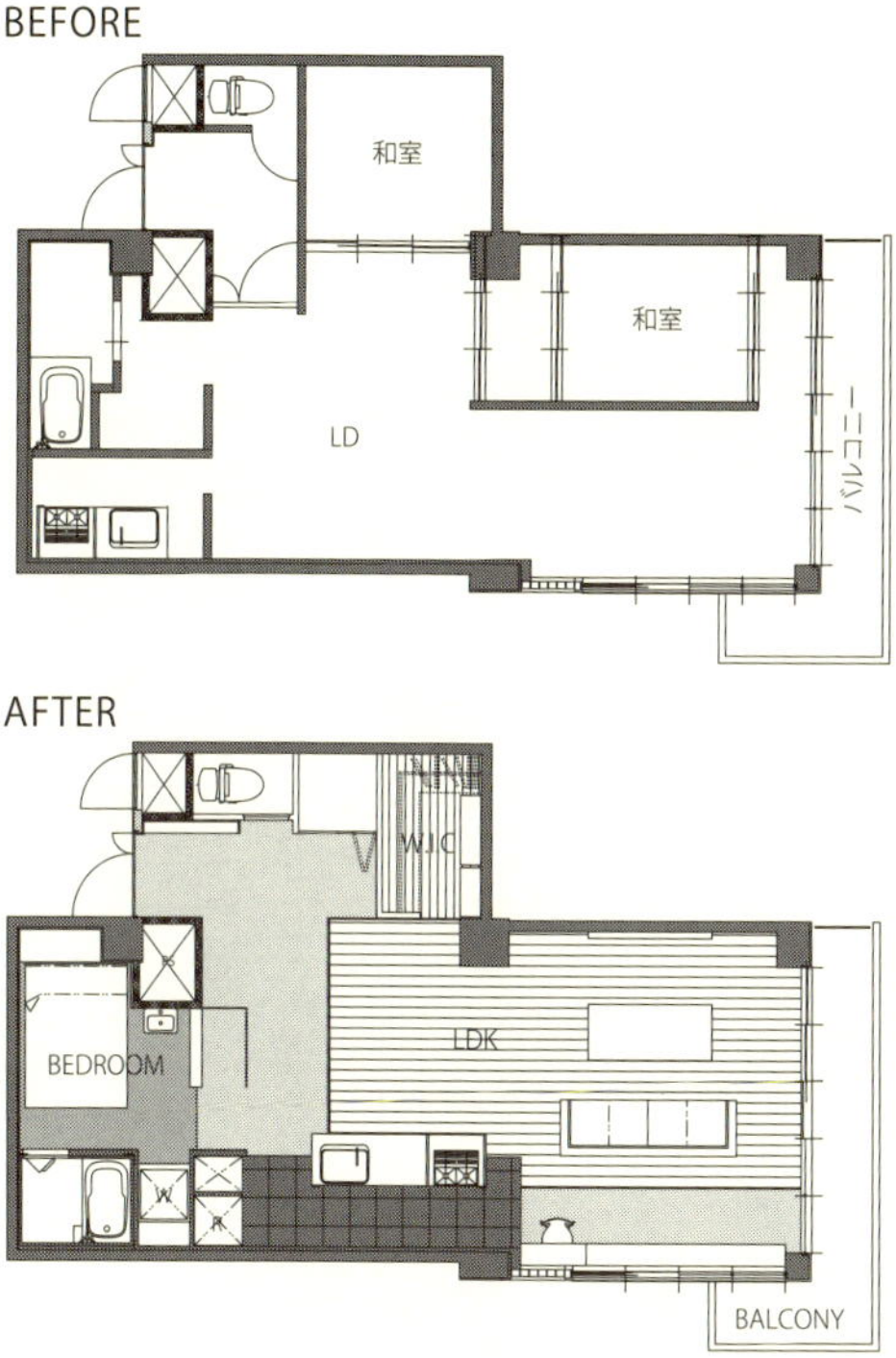

イントになりました。マンションの戸数が少ないと、将来建て替えになった場合にオーナー1人ずつの敷地利用権の割合が大きくなります。立地が良い場合、建て替えがあった時にも高い資産になることが考えられます。

Sさんがこの物件を見つけたのは東日本大震災の数か月後。この時期は震災の影響で新耐震法以前の築古物件の価格がかなり安くなっていたため、価格も購入の大きな決め手となりました。

リノベーションに関するSさんのご希望は「生活と仕事の時間をどちらも心地良く過ごせる」こと。もともとリノベーション業界の老舗といわれるブルースタジオのデザインに憧れていたSさんは、『リノベる。』のブルースタジオ監修デザインを選ばれました。

お客様との打ち合わせにも使用するリビングダイニングを大きく取るため、ベッドルーム、バスルーム、洗面などを1箇所にまとめました。

玄関はたくさんの来客があった場合も対応できるよう、ゆったりとした土間スペースをつくっています。

ワークスペースはあえて壁では仕切らずに、土間とワークテーブルで感覚的にエリア分けをして、広々とした開放感はそのままに、仕事場としての切り替えもできる空間になっています。

生活と仕事の機能を両立させることで、仕事も普段の生活もストレスなく快適に過ごせる空間が実現しました。

土間のスペースは一緒に暮らしている愛犬の一番のお気に入りの場所だとか。「立地がいいので、SOHOとして貸し出す場合も賃料を高めに設定できて、貸し出している間の自分の生活も計画しやすいです」と話すSさん。資産性を高める賢い住まい選びの参考にしていただける好例です。

Q&A

Q1　リノベーションで価値が上がる住宅って？

マンションを購入する方のほとんどが30～35年ローンを組むこともあり、マンションの寿命もそのぐらいだとお考えの方も多いかもしれません。

でも本当はもっと長く、一般的には60年程度と言われており、良い管理状態を保つことで約80～100年の耐久性があるという見方もあります。

例えば、マンションの寿命が60年だとしても、築20年のマンションを購入すると、あと40年は住めることになります。しかし、残りの耐用年数のほうが長いにもかかわらず、築20年の中古マンションの価格は、新築マンションの半額以下です。マンションの資産価値は新築の状態から15年間は急激に資産価値が目減りし、その後はなだらかになることからも、築15年以降の物件を取得してリノベーションすることはリスクが低く、賢いマンションの購入方法と言えます。

また、古いマンションでもリノベーションすることで、そこに住む方にとっては自分に合った快適な住まいが実現するうえに、室内の内装や設備は一新するため、資産価値も上がります。

例えば、築20年の中古マンションを買い、リノベーションした後10年間住み、何らかの事情で物件を売ることになったとしても、同じマンションの改装を行っていない部屋よりも比較的高い価格で売却できる可能性が高くなります。

賃貸に出す場合も、同じ築年数の部屋よりも人気の高い物件になるはずです。

ただ、リノベーションのデザインによっては、売却や賃貸に出す際に買い手や借り手が見つかりにくくなるケースもありますので、将来的に売却や賃貸に出すことも検討している方は、デザインをあまり個性的につくり込みすぎないことをお勧めします。

リノベーションで住宅の価値を高めることを考える場合、内装の前に大切になってくるのはなんと言っても資産価値の目減りの少ない物件を選ぶことです。「築15年以上で管理がしっかりしていること」は押さえておきたいポイントですので、ぜひ覚えておいてください。

Q2 耐震性など構造の問題が心配なのですが？

マンションの耐震性についてはよくご質問をいただきます。日本の建築物の耐震基準は、関東大震災（1923年）、福井地震（1948年）、十勝沖地震（1968年）、宮城県沖地震（1978年）といった大地震が発生するたび、新基準の制定や改正が繰り返されてきましたが、なかでも特に大きな改正が行われたのは、1981年の建築基準法大改正です。

中古マンションを購入する際、大きな目安になる基準が「新耐震基準」です。1978年の宮城県沖地震（死者28人、建物の全半壊7400戸）を教訓にして、改正法は、住宅やマンション、ビルなどの建築物を「震度5強程度の中規模地震では軽微な損傷、震度6強から7程度の大規模地震でも倒壊は免れる」強さとすることを義務づけ、新たな設計基準を設けました。これが「新耐震基準」です。

新耐震基準の有効性は、阪神大震災において証明されました。震災後の神戸市の調査によると、1981年以降（新耐震基準以降）に建てられた建物の約80％が軽微な被害（もしくは全く被害なし）に止まり、倒壊した建物はわずか3％程度です。逆に新耐震基準以前の「旧耐震基準」「旧々耐震基準」の建物ではその倍の6％程度が倒壊したと言われています。倍というと大きな違いですが、例えば100棟のうち3件、100棟のうちの6件というと少し違って見えてきます。

どちらが安全かというと、新耐震基準以降のマンションということになると思いますが、価格にも大きく影響してくることもあり、どの時期のマンションを購入するかについては、購入される方の考え方次第です。

Q3　新築マンションと中古マンション、迷っているのですが？

新築マンションと中古マンション、どちらがいいかはその方の考え方次第です。それぞれにメリット、デメリットがありますのできちんと整理してみる必要があると思います。

新築マンションは価格も高く、今後利便性の高い人気のエリアには新しく建設されることが少ないことから、現在は「中古マンション＋リノベーション」に注目が集まっています。

●新築マンションのメリット
①内装や設備はすべて新品で最新
②共用部も含めいろいろな設備、耐震性能も最新鋭

●新築マンションのデメリット
①都心や中心部の利便性の高いエリアにはもう土地がなく、マンションが建つ立地が限られてしまっている。
②いろいろな販売経費などがかかっているため、内装や設備の質の割に価格が高い。
③資産の目減りが激しい（購入15年で半額程度に）。
④大量生産のためデザインや間取りが画一的。
⑤モデルルームで購入を決定するため、風通しや日当たりを確認できない。

●中古マンションのメリット
①中古マンションは新築に比べて圧倒的に数が多いため、選択肢の幅が広い。
②資産の目減り幅が少ない。
③改装次第で自分らしい理想の暮らしを実現できる。

④購入前に実際の日当たりや風通し、居住者の雰囲気も確認してから購入できる。

●中古マンションのデメリット

①建物や室内の状態を確認し、きちんと見極める必要がある。

②自分では改装できないマンション共用部の修繕や管理状態を見極める必要がある。

Q4 築年数って、やっぱり重要ですよね？

重要です。

耐震性能の問題もありますし、マンションだけでなく建物には寿命がありますので、これから住む年数など自身のこれからの生活に合わせてどのくらいの築年数のものを購入するか考える必要があります。

また、室内の給排水管も築後20～30年で寿命を迎えますので、築年数によって給排水管の入れ替えを検討されるのがベストです。

ここで気になるのがマンションは寿命を過ぎるとどうなるの？　ということです。マンションの寿命は一般的に60年と言われていますが、管理状態や修繕の状況によっては100年以上持つだろうと言われています。その後は、建て替えをする、そのまま維持する、もしくは取り壊すという選択をすることになります。

建て替えを行う場合、建替え決議というマンションの所有者全員での決議が必要になります。建て替えの決議には議決権および区分所有者数の５分の４以上の賛同が必要です。建て替え費用という大きな問題もあり、なかなか実現に至らないケースも多いようです。政府は内需拡大の切り札としてマンションの建て替えの規制緩和を検討していますので、状況は変わっていくと思います。

Q５　リノベーションの適正価格は？

リノベーションの適正価格として明確な数字を示すことは難しいですが、一般的にマンションのフルスケルトンからの全面リノベーションの相場としては、１㎡当たり10万円〜と言われています。ただ、

①　どこへ依頼するのか？（設計事務所、工務店）

②　どんなことがしたいのか？（高い材料を使うと価格が上がる）

によってその価格は様々です。

リノベーションの価格は、まずは設計費と工事費に分かれます。工事費の中にもキッチンやお風呂、トイレ、フローリングなどの「モノ」にかかる費用と、職人さんの作業手間など「ヒト」にかかる費用とがあります。

設計費については、打ち合わせにどれくらいの時間をかけるのか？　図面をどれくらい描くのか、といったことで上下する場合が多いため、自由設計の度合が高いほど

設計費も高くなります。また、工事費については工事業者がモノや職人さんをどれくらいの単価で仕入れているかが、大きく影響してきます。

完全フルオーダーからセミオーダー、リノベーション済みなど、様々なリノベーションの種類がありますので、ご自身に一番合ったものを選んでみてください。

『リノベる。』が採用しているセミオーダー制は、間取りは自由設計でお客様に合わせてゼロからつくり、仕様や仕上げについては豊富な選択肢から自由にセレクトしていただけます。

結局のところ適正価格というのは、リノベーションされる方にとっての「満足度、価値観」によって決まるものだと思います。

各社が提供するリノベーションという商品にお客様がいくらの価値を感じられるか、ということです。

Q6　リノベーションではどこまで変えることができるの？

マンションのリノベーションの場合、中身を一度スケルトンにしますので、室内の専有部分においては自由な設計が可能です。キッチンや浴室まわりの位置変更も行えます。

ただし、水まわりの大幅な位置変更には、排水管の勾配を確保するため床の高さが上がって天井が低くなったり、構造壁で建物を支える「壁式構造」のマンションでは、室内に壊すことができない壁があり、間取りが思いどおりにならないといったケースもあります。リノベーション前提で物件購入される場合は、購入の前にデザイン事務所や工務店に相談することをお勧めします。

マンションの場合、サッシやバルコニーは共用部になりますので、基本的には改装ができません。改装を行う場合は、管理組合に許可を得る必要があります。マンションには管理組合による工事に関する規則がありますので、購入の前に確認してください。

こういったことを知らずに物件を購入してしまい、思いどおりにリノベーションできなかったという方もいらっしゃいます。「物件購入＋リノベーション」をお考えの方は、両方をトータルでサポートしてくれるパートナー探しから始められてみてはいかがでしょうか？

Q7　戸建てでもマンションでもリノベーションできますか？

もちろん可能です。

戸建て住宅の場合、基礎や柱、梁の部分を残して、住宅を再生します。

ただし、マンションよりも戸建てのリノベーションのほうが、複雑でコストがかかる傾向があり、市場全体の実績としても、戸建てリノベーションの実績はマンションリノベーションに比べてかなり少ないのが現実です。

特に木造の場合、竣工図面が残っていなかったために、解体した後に壁が抜けないことが分かったり、本体に補強が必要だと判明したりして、追加費用がかかってしまうなど、不確定要素が多いのが特徴です。また、外壁や屋根など、マンションでは必要なかった部分に費用がかかってしまうことも、戸建てリノベーションが少ない理由のひとつです。

とはいえ、マンションとは異なる自由度の高さは戸建てリノベーションの魅力です。新築当時は眺望が良くても、隣に家が建ったなど周辺環境の変化で景色が変わってしまうケースもあります。そんな時、窓の位置変更まで可能な戸建て住宅は、戸建てならではのやり方で住宅の価値・機能を再生することができます。

このように、リノベーションを行える範囲が広く、不確定要素の多い戸建てリノベーション。ご両親から譲り受けたり、今住んでいるご実家をリノベーションする場合は問題ないのですが、戸建て住宅を購入してリノベーションすることをお考えの方は、あらかじめ大体の総予算を設定し、リノベーション費用から物件購入費用を逆算して把握しておくことが重要になります。

最後に……

家の購入はご本人だけでなく、ご家族にとっても大きな決断です。

私がリノベーションに携わってきた10年という時間の中で、たくさんのご家族の様々な価値観に触れる機会をいただき、また、様々な決断に立ち会わせていただきました。そういった経験を通じて、リノベーションをされる方の親御さんにお伝えしたい想いが生まれてきました。

この本の最後に、その想いを書かせて頂きたいと思います。

ご両親へ

お父様　お母様

今この本を読んでいただいているのは、ご自身のご興味で手に取っていただいたからでしょうか。それとも息子さん、娘さんから「読んでほしい」と手渡されたからでしょうか?

私はこれまで10年ほどリノベーションの仕事をしてきました。その中でここ数年特に、「中古住宅を買ってリノベーションする」ことが広く認知されてきていることを感じています。

そこには、古き良きものを大切にしたいという価値観の広がりや、リノベーション工事費のローンという金融の問題解消など、いくつかの理由があると思います。

ただ、年配の方々の中には、まだまだ「受け入れがたい」と思っていらっしゃる方が多いのも事実です。

私たちのお客様の多くは、住宅一次取得層と言われる20代~30代の方々です。そのため、お客様とご両親との間で意見の相違があり、リノベーションをすることができなかった方々をたくさん見てきました。ご両親の反対が理由でリノベーションを諦めたお客様の残念そうな姿を見るたびに歯がゆい思いをしてきました。

新築が主流の日本で、ご自身のお子さんが中古住宅を買うとなると、心配されるのは当然のことと思います。リノベーションという聞き慣れない言葉に戸惑いも感じられるかもしれません。ただ、「中古住宅を購入してリノベーションをする」というのは単に、「安いから古いものを買って室内を新しくする」ということではなく、息子さんや娘さんが「自分らしく暮らしていくための理想の住まいをつくる」ことであり、さらに「資産価値の高い賢い家の買い方」であることを知っていただけたらと思います。

「中古」であるという理由だけで反対するのではなく、ぜひ一度「なぜリノベーションをしたいと思っているのか」、また、「なぜそのマンションを選んだのか」、息子さん、娘さんの声に耳を傾けてみてください。そこには必ず、叶えたい理想の暮らし方やそのマンションに惹かれた理由があります。

新築住宅ではなく中古住宅を選んだ理由、無数にある住宅の中からその場所を選んだ理由、リノベーションを選んだ理由。そこには想いが詰まっています。

古き良きものを大切にしたいという想いや、建物の外観や入った時の空気感、部屋からの眺望に惹かれたこと。たくさんの建物の中からやっとその部屋に出会った息子さん、娘さんは、自分らしいリノベーションをして、そこを毎日帰る家にしたいと望んでいます。

私たち『リノベる。』は「理想の暮らし」を実現するお手伝いをさせていただいています。どんな方にとっても住宅の購入というのは人生の大きな選択です。大きな買い物であり生き方を変えるほどの決断であるからこそ、家について、暮らしについて、人生について、ぜひお子さんと話し合ってみていただけたらと思います。そしてリノベーションの良き理解者になっていただけたら嬉しいです。

あとがき

「リノベーション」

最近本当によく聞くようになってきました。

この言葉に出会って10年近く経ちました。

「かっこいい部屋に住みたい」

そんなシンプルな気持ちからリノベーションに取り組みだして、魅了されて、振り回されて、追い込まれて、ここまで来ました。

子供の頃、小さなおんぼろアパートに住む自分が恥かしくて、友達にばれないように遠回りして家まで帰っていました。

「日本中のみんなが四角いブロックのようなハコに全員平等に住むようになれば、こんな思いをしなくてすむのに」

そんなことを考えながら幼少時代を過ごしました。

それから30年ほど経った今、本当の幸せとは「平等に与えられるもの」ではなくて、「選択できる自由があること」だと思うようになりました。

人はそれぞれいろんな価値観を持っています。

それを表現できるハコ、自分のスタイルをもうちょっと自由に表した家に住むことができれば、毎日がもっともっと楽しくなる。

そこに住む親が、工夫して楽しんでいれば、子どももきっと楽しく、そこには豊かな暮らしがあるはず、そんな風に思っています。

『リノベる。』には、そんな暮らしを実現できる可能性がたくさん詰まっています。

こんな住まい方がスタンダードになる日がくれば、日本の暮らしは豊かになります。

ハコに合わせて住むのではなく、自分に合わせてハコをつくる。

これを、一部の人だけが選ぶことができるものに留めるのではなく、誰もが当たり前に選択できる環境をつくっていきたい。これが僕の切なる思いです。

僕は元々ゼネコンで新築マンションを建てていました。建設が予定されているその場所には、ほとんどの場合すでに建物が建っていて、そこには新築当初から住み続けているおばあちゃんが一人で住んでいたりするわけです。そういった方々と交渉をして、転居してもらい（いわゆる地上げです）、大きな重機を使ってそのマンションを壊していきます。3週間もすれば何もない空き地になり、そこに新しいマンションを建てていきます。でも、そこに建てられるのは売り手主導でつくられた、とても豊かとは言えないハコばかり。

家が足りなかった時代は、『戦後に建てられた古い建物を壊して効率のいい高層住宅を建てる』ことも必要でした。

でも、今はどうでしょうか。こうして建てられたたくさんの家が余っています。壊して建てて、また壊す。

そんな無駄なことを繰り返す必要などないのです。

この業界も、もっと今の時代にあったやり方に変わっていくべき。

そんな思いから『リノベる。』という事業を始めました。


「本を出そう」と突然決めて、1年くらい経ったでしょうか。バタバタとせわしなくつきあって頂いた皆さま、本当にありがとうございました。変更を繰り返す僕たちを見放すことなく最後までつきあって頂いた住宅新報社の平井さん、フリー編集者の福士さん。徹夜につぐ徹夜でまとめてくれた、『リノベる。』のヒメ、石井陽子。

みなさまのおかげで日本の住宅がまた一歩、前進することができました。

感謝です。ありがとう。

山下　智弘

２０１２年6月28日
築45年の中古マンションのバルコニーにて。

◇著者紹介

山下智弘（やました　ともひろ）

リノべる株式会社　代表取締役

自宅の洗面スペースを「お気に入りの歯ブラシに似合う空間にしたい」と自身で改造したことからリノベーションとの深い関係が始まる。住宅ディベロッパーを経て独立。住宅・店舗の設計施工を行う株式会社ｅｓ（エス）を立ち上げる。ｅｓでリノベーションを手がけるなか、物件探し・リノベーション・ローン組みをワンストップで提供するサービス「リノべる。」を考案。リノベーションを専門に行うリノべる株式会社を設立。住宅のセレクトショップとして定額制・セミオーダー制のサービスで全国にエリア展開中。リノベーション住宅推進協議会の理事も務める。

リノべる株式会社

http://www.renoveru.jp/

【関東本部】　〒151-0051 東京都渋谷区千駄ケ谷2-9-6

0120-684-224

【関西本部】　〒550-0015 大阪市西区南堀江2-6-19

0120-284-224

リノベーションのススメ

2012年8月8日　初版発行

著　者　山下智弘

発行者　中野孝仁

発行所　㈱住宅新報社

本　社　〒105-0001 東京都港区虎ノ門3-11-15(SVAX TTビル)

編集部　電話 (03)6403-7806

出版販売部　電話 (03)6403-7805

http://www.jutaku-s.com/

大阪支社　〒541-0046 大阪市中央区平野町1-8-13(平野町八千代ビル)電話(06)6202-8541㈹

印刷／亜細亜印刷㈱

落丁本・乱丁本はお取り替えいたします。

Printed in Japan

ISBN978-4-7892-3494-8　C2030